마음을 움직이는
말투의 심리학

Sekai no Kagaku Kenkyu kara Michibikidashita
Communication no Daigokai

Copyright © Shugo Hotta 2022
First published in Japan in 2022 by DAIWA SHOBO Co., Ltd.
Korean translation rights arranged with DAIWA SHOBO Co., Ltd.
through BC Agency.
Korean edition copyright © 2025 by DONGYANG BOOKS CO.

이 책의 한국어판 저작권은 BC에이전시를 통해
저작권자와 독점계약을 맺은 (주)동양북스에 있습니다.
저작권법에 의해 한국 내에서 보호를 받는 저작물이므로 무단전재와 복제를 금합니다.

상위 1% 대화의 고수가 사람을 끌어당기는 비밀 33

훗타 슈고 지음 | 정현옥 옮김

마음을 움직이는
말투의 심리학

동양북스

일러두기
이 책은 국내 독자의 이해를 돕기 위해 일부 사례를 현지화해 구성하였습니다.

시작하며

망하는 말투, 대박 나는 말투, 말투만 달라져도 인생이 바뀐다!

나는 법언어학자로서 사람의 말투에 관심이 많다. 법언어학자는 사람들의 커뮤니케이션, 즉 대화와 소통에 관해 분석하고 연구하는 사람이다. 쉽게 말하면 '말하는 사람은 어떤 의도로 말했을까?' '듣는 사람은 어떤 의도로 받아들였을까?' 그리고 '이 사람은 어떤 구조로 이해했으려나?' '이 대화의 오해는 어디서 시작됐을까?' 같은 인간의 대화에 대한 다양한 현상을 과학적으로 분석하는 전문가다.

나는 언어 분석 전문가와 동시에 평범한 사람이다. 그래서 여러분과 마찬가지로 실패를 반복하고 때로는 자기혐오에 빠지기도 하면서 훈련을 거듭하고 있다. 하지만 전문가의 시각에서 보이는 특별한 상황이 있다. 바로 같은 말이라도 말투를 다르게 하거나 접근방식이 달라진다면 180도 바뀔 것만 같은 상황들이다. 인간관계에서 좌절하는 사람을 볼 때마다 안타까운 마음이다.

  대화의 고수들은 대부분 발이 넓다. 사회성이 좋은 사람은 주위 사람의 도움을 받기 쉽다는 연구 결과도 있다. 그런 사람일수록 당연히 지구 생태계의 생존경쟁에서 살아남기에 유리하다. 때론 혼자서는 도저히 이루어내지 못할 일도 누군가의 도움이 있다면 해결될 때도 있다.
  그들은 대체로 주변에 사람도 많아서, 주변 이야기만 들어도 저절로 인생 경험이 풍부해진다. 말솜씨, 말투만 달라져도 행운을 얻을 확률이 높아지기 때문이다.

  성과가 수입을 좌우하는 비즈니스는 어떨까? 일본 경제단체연합회에서 진행한 〈신규 채용에 관한 설문조사 보고〉에서는 커뮤니케이션이 '기업이 신입사원 채용 시 중요하게 보는 것' 중 1위를 차지했다. 게다가 이 커뮤니케이션은 82.4%라는 압도적인 지지를 얻었으며, 2018년까지 16년 연속 최고의 자리를 지켰다. 개인을 떠나 사회에서도 의사소통 능력을 얼마나 중요하게 보는지 여실히 보여주는 데이터다.

이런 이야기가 나와는 먼 이야기라고 생각했을지언정 좌절할 필요는 없다. 소통 능력은 선천적으로 타고나는 게 아니므로 얼마든지 향상될 수 있기 때문이다. 특별한 이야기가 아니다. 당신이 어제도, 오늘도 겪어왔을, 우리가 쉽게 접하는 회사에서의 일이나 친구 관계, 연애, 괴롭힘 등 일상을 조금 더 슬기롭게 헤쳐나갈 수 있는 방법을 나누고 싶었다. 그래서 나는 전 세계 대화 고수들의 심리학 연구를 모으기 시작했다. 그러니 여러분은 이 책을 믿어도 괜찮다.

정답이라고 생각했던 말투라도 꼭 정답이 아닐 수 있다. 전 세계 대화 고수들이 나누는 확실한 연구 결과로 말투에 대한 오해를 함께 풀어가자. 그 과정에서 여러분은 사람의 마음을 끌어당기고, 또 부를 끌어들여 마침내 행복까지 가득 줄 수 있을 것이다.

목 차

시작하며
망하는 말투, 대박 나는 말투, 말투만 달라져도 인생이 바뀐다! ··· 005

1장
내가 알던 대화 상식이 뒤집히는 순간!
당신이 놓친 말투

대화의 법칙 01 플로리다대학교 시드니 쥬라드 ··· 016
처음 만나는 자리에서 TMI는 매너가 아니다?
깊은 이야기는 관계까지 깊어지게 한다!

대화의 법칙 02 프리드리히실러 예나대학교 게자 암브루스 ··· 022
모든 인간관계가 비대면으로도 가능하다?
"일단 만나서 이야기하자"는 괜히 생긴 말이 아니다!

대화의 법칙 03 그레고리 라즈란의 런천 테크닉 ··· 034
임원은 골프나 접대만 하고 일하지 않는다?
거금은 회식 자리에서 움직인다!

대화의 법칙 04 마이크로소프트사와 캘리포니아대학교 버클리의 공동 연구 ··· 039
소통, 커뮤니케이션은 적을수록 좋다?
아이디어는 어디서 나올지 모른다!

2장

성공한 삶의 비결은 바로 진심이다
인생에 플러스가 되는 말투

대화의 법칙 05　오클랜드공과대학교 재러드 하르　⋯ 046
출근 일수가 적으면 생산성이 떨어진다?
주 4일 근무로 성과와 창의성이 향상되었다!

대화의 법칙 06　트리니티대학교 해리 월리스　⋯ 051
사과받아도 내키지 않으면 용서할 필요 없다?
용서하는 척이라도 하지 않으면 다시 공격당한다!

대화의 법칙 07　조지타운대학교 크리스틴 포래스 &
플로리다대학교 아미르 에레즈　⋯ 054
당근보다 채찍이 상대를 성장하게 한다?
폭언은 인간의 처리능력을 61%나 떨어트린다!

대화의 법칙 08　런던대학교 알레한드레 셸 & 미시간대학교 바바라 프레드릭슨　⋯ 061
일할 때는 진지해야 한다?
웃으면서 일하면 성과도 오른다!

대화의 법칙 09　미시간주립대학교 제이슨 모저　⋯ 065
시비에 걸려도 맞서 싸워야 만만하게 보지 않는다?
내 감정을 객관적으로 바라보며 무시하자!

대화의 법칙 10　메이지대학교 홋타 슈고　⋯ 072
윗사람에게는 반드시 존댓말을 써야 한다?
반말은 윗사람을 말랑하게 만든다!

3장

세상에 100%란 없다
나은 관계를 만드는 말투

대화의 법칙 11　노스이스턴대학교 다나 카니　··· 080
외모만 봐도 다 알아요?
어떻게 외모만으로 사람을 판단하랴!

대화의 법칙 12　메라비언, 애플바움, 버드위스텔 등　··· 088
커뮤니케이션 고수는 말을 잘한다?
말솜씨보다 '이것'의 고수가 되어라!

대화의 법칙 13　폴 그라이스의 협동 원리　··· 093
개성 있는 말투가 상대를 사로잡는다?
커뮤니케이션은 상호 행위!

대화의 법칙 14　옥스퍼드대학교 노아 칼 & 프란체스코 빌라리　··· 100
멍청하니까 사기를 당하겠지?
머리 좋은 사람일수록 쉽게 속는다!

4장

좋은 말투는 좋은 사람을 만든다
'우리'를 지키는 말투

대화의 법칙 15　스와스모어대학교 솔로몬 애쉬　··· 108
나 혼자 목소리를 내봤자 아무 일도 일어나지 않는다?
단 한 명의 내 편이 있었더라도!

| 대화의 법칙 16 | 뒤스부르크-에센대학교 보리스 쉬퍼 | ··· 116 |

웃고 있으니 괜찮겠지?
마음과 표현이 꼭 일치하지는 않는다!

| 대화의 법칙 17 | 교토대학교 김명철 | ··· 120 |

어차피 인터넷의 익명 글이니까 괜찮다?
디지털 문자에도 지문이 남는다!

| 대화의 법칙 18 | 홋카이도대학교 오자키 이치로 | ··· 125 |

가만히 있으면 '가마니'로 본다?
진정한 승자는 태도에서 드러난다!

| 대화의 법칙 19 | 메이지대학교 홋타 슈고 | ··· 129 |

요즘 사람들은 회식을 싫어한다?
맛있는 회식에 참여할 자유를!

5장

당장 부캐를 만들어라
상황에 맞게 변하는 말투

| 대화의 법칙 20 | 스탠퍼드대학교 필립 짐바르도 | ··· 140 |

성격은 바꿀 수 없다?
척하다 보면 그것이 성격이 될 것이다!

| 대화의 법칙 21 | 하버드대학교 앨리슨 브룩스 & 컬럼비아대학교 다나 카니 | ··· 147 |

울렁증을 극복하려면 연습하고 또 연습하라?
뇌를 속여서 성과를 올리자!

| 대화의 법칙 22 | 다트머스대학교 소피 볼첸 & 탈리아 휘틀리 | ··· 151 |

눈을 보고 이야기해야 진심이 통한다?
아이컨택보다 중요한 건 자연스러움!

대화의 법칙 23	하버드대학교 다이애나 타미르 & 제이슨 미첼 **침묵은 불편하다?** **침묵까지도 메시지가 된다!**	⋯ 156

6장
연애 고수는 말투부터 다르다
사랑마저 거머쥔 말투

대화의 법칙 24	히로시마대학교 고지마 나나에 **고백하려면 정면 돌파하라?** **사랑 고백에도 성공 법칙이 있다!**	⋯ 164
대화의 법칙 25	화둥사범대학교 엔후이 시에 **진지한 이야기는 사람 사이를 가깝게 한다?** **무거운 이야기는 잠시 넣어둘 때!**	⋯ 169
대화의 법칙 26	전자과기대학교 자오 가오 **내게 기분 좋은 발언은 모두에게 좋다?** **듣기 좋은 칭찬은 사람에 따라 다르다!**	⋯ 172
대화의 법칙 27	미네소타대학교 엘리엇 애런슨 & 다윈 린더 **미움받지 않도록 행동하면 미움받지 않는다?** **처음부터 솔직해야 호감도가 올라간다!**	⋯ 178
대화의 법칙 28	애리조나대학교 미셸 시오타 & 캘리포니아대학교 로버트 레벤슨 **결혼은 공통점이 많은 사람과 해야 한다?** **성격이 비슷한 커플은 오래 가지 못한다!**	⋯ 183

7장
특별한 비즈니스의 고수가 되는 법
부를 끌어들이는 말투

대화의 법칙 29 간사이대학교 요시무라 이사오 & 도모다 야스유키 ··· 190
정해진 회의 시간은 지켜야 한다?
회의 시간은 30분이 가장 효율적!

대화의 법칙 30 도쿄대학교 사카이 구니요시 ··· 194
일도 공부도 디지털 방식이 효율적이다?
종이에 적힌 정보가 기억력을 높인다!

대화의 법칙 31 미시간대학교 리처드 니스벳 & 홋카이도대학교 마스다 다카히코 ··· 198
화상 회의의 배경 효과는 나를 표현하는 하나의 방법이다?
나는 회의에서 어떤 사람으로 보이고 싶은가?

대화의 법칙 32 뉴욕대학교 존 달리 & 컬럼비아대학교 빕 라테인 ··· 202
업무에 관련된 사람은 무조건 참조에 걸어라?
답변이 필요하면 지목하라!

대화의 법칙 33 펜실베이니아대학교 멜리사 헌트 ··· 207
SNS에 의존해도, 결국은 일만 잘하면 되지?
SNS 사용 시간이 길면 불안, 우울, 고독감이 늘어난다!

마치며
《마음을 움직이는 말투의 심리학》을 읽고 난 당신의 말투는 몇 점? ··· 211

참고문헌 ··· 214

1장

내가 알던 대화 상식이 뒤집히는 순간!

당신이 놓친 말투

대화의 법칙 01

처음 만나는 자리에서
TMI는 매너가 아니다?

**깊은 이야기는
관계까지
깊어지게 한다!**

플로리다대학교
시드니 쥬라드

친하지 않은 상대에게 개인적인 이야기를 꺼내기는 어렵다. 일명 TMI~Too much information~ 처럼 느껴질 수도 있다. 상대가 처음 만나는 사람이라면 더욱더 그렇다.

하지만 그와 더 친해지고 싶다면 자기만의 이야기보따리를 풀어놓는 것도 하나의 방법이 될 수 있다. 그렇다고 무슨 말이든 좋은 것은 아니다. 가벼운 이야기부터 시작해 내가 먼저 이야기를 털어놓자. 그러면 결과적으로 깊은 이야기를 나눌 만큼 둘 사이가 가까워질 수도 있다.

모든 것의 시작은 공감이다

플로리다대학교의 시드니 쥬라드~Sidney Jourard~ 교수가 주장한 '자기 개시의 반보성返報性'이라는 법칙에 의하면 인간은 상대가 정보를 먼저 노출하면 나도 자연스럽게 내 이야기를 하게 된다고 한다. 그리고 동시에 두 사람의 심리적 거리는 가까워진다.

이때 상대와 거리를 좁히기 위한 대화의 포인트는 두 가지다. 첫째, 내 이야기를 먼저 하자. 개인적인 이야기를 다른 사람에게 쉽게 꺼내지 않는 이유는 경계하는 마음 때문이다. 신뢰하지 못하는 사람에게 내 정보를 알릴 필요는 없다고 생각하는 방어 심리 때문에 마음의 울타리를 닫아버리는 것이다. 따라서 갑작스레 개인적인 이야기를 꺼내게 하면 오히려 경계심이 생길 우려가 있다. 차라리 속 깊은 이야기는 내가 먼저 하고 상대의 닫힌 마음을 열게 하는 게 좋다. 그렇다고 아무 이야기나 해도 될까? 물론 아니다.

여기서 자기 개시의 두 번째 포인트가 등장한다. 바로 서로가 공감할 수 있는 내용 말하기다. 받으면 갚으려고 하는 반보성의 법칙이 절대적 해결책은 아니다. 예를 들어, 두 사람이 사회적으로 차이나는 지위에 있거나 이야기가 지나치게 개인적인 내용일 때, 또는 이미 어느 정도 친밀감이 형성된 후에는 효과가 약하다.

이야기의 목적이 상대와의 거리를 좁히기 위함이라면 '이 사람에게는 마음을 열어도 괜찮을 것 같아'라는 믿음을 줄 필요가 있다. 그래서 공감이 중요하다. 공감할 만한 이야기로 좋은 사람이다, 가치관이 비슷할 것 같다는 믿음을 줄 수 있다면 상대도 비슷한 내용의 이야기를 돌려줄 것이므로 사적인 이야기가 가능해진다.

인간은 복잡하면서도 동시에 매우 단순한 면이 있다. 진정한 대화의 고수는 이런 사람의 심리를 정확하게 캐치할 수 있다.

자기 비하나 자랑은 잠시 접어두자

그렇다면 어떤 주제여야 공감을 얻을 수 있을까? 안타깝게도 그건 사람마다 다르다. 만약 상대가 수준급의 킬러라면 자신의 암살 경험을 전하는 게 최선이 되어버릴 것이다. 그게 아니라면 미리 상대에 관한 정보를 모으면서 호기심을 자극할 만한 자기 개시 방법을 생각해두자.

처음 보는 사람에 대한 사전 정보는 당연히 적다. 그럴 때는 핵심이 되는 정답을 노리기보다 오답을 피하는 게 베스트다. 만약 이야기가 겉돈다고 해도 다음 기회를 노릴 여지가 있지만, 한 번 분위기가 썰렁해진 다음에는 좀처럼 새로운 기회를 얻기 힘들다.

내 강의에서 사람들이 자기소개를 할 때, 나는 "자기 비하나 자랑은 빼세요"라고 한다. 가령 괴롭힘을 당한 적 있는 사람이 그 경험을 자기 개시하는 경우를 생각해보자. 비슷한 경험을 가진 상대라면 그것을 계기로 한 번에 마음을 깊이 터놓을 수도 있을 것이다. 그러니 상대에 따라서는 절대 피해야 할 주제는 아니다. 하지만 거의 처음 만난 불특정 다수를 상대로 자기를 개시한다면 "힘들었겠구나"라고 가볍게 공감을 표현하기에는 무거운 주제이므로 그다지 추천하지 않는다.

같은 맥락으로, 자기소개할 때 유머를 섞어서 자신을 비하하는 사람도 있는데, 이 역시 좋은 방법은 아니다. 힘든 에피소드라도 유머로 승화하면 괜찮다고 생각할지도 모르겠으나, 상대는 초면에 어떻게 반응해야 할지 몰라 당황스러워 할 확률이 높다. 이미 친밀한 관계를 맺고 있는 상대라면 가볍게 반응해 주겠지만, 이제부터 친해지고 싶은 상대에게는 적절하지 않으므로 주의하자.

타인이 말하는 내 자랑이 더 효과적이다

자랑 역시 첫 만남의 이야기 소재로는 좋지 않다. 무시당하고 싶지 않다는 인간 내면의 욕구가 자신의 뛰어난 부분을 강조하게 만들 수도 있다. 하지만 그것이 자랑이 되면 으스댄다는 오해를 살 수도 있다. 단, 자신의 인간적인 면을 어필할 수 있는 작은 에피소드를 넌지시 흘려주는 것은 좋을 수 있다. 이왕이면 다른 누군가를 통해 화제에 오르기를 기다리자. 자랑거리는 자기 입으로 말하기보다 타인의 입을 통하면 훨씬 효과적이다. 신분을 감추고 저잣거리를 다니던 암행어사가 부하의 입을 빌려 '암행어사 출두요!' 하고 외쳤을 때의 상황과 같다.

제삼자를 통해 알려지면 호감도가 떨어질 걱정도 없고 플러스 효과까지 가져온다. 그 사람의 장점이 본인의 입을 통해서가 아니라 입소문 등 외부로부터 전달되면 신빙성이 높아지는 '윈저 효과Windsor Effect'가 작용하기 때문이다. 사실 윈저 효과라는 용어가 확립된 것은 아니지만, 적확한 이론이기는 하다. 게이오기주쿠대학교의 하마오카 유타카濱岡豊 교수 또한 연구를 통해 입소문 마케팅은 기업의 통제를 받지 않기 때문에 정보의 신뢰도가 증가한다고 말했다.

마찬가지로 직접 "부장님은 늘 멋지시네요!"라는 말은 아부성으로 들릴 수도 있지만 "우리 부서 직원들이 부장님은 늘 멋지시다네요"라는 말은 왠지 인정할 수밖에 없다. 이야기의 주제는 걸러야 하겠지만, 사이좋은 친구가 많아지기를 바란다면 망설이지 말고 먼저 깊은 이야기를 꺼내자. 자랑하고 싶은 일은 가능하면 다른 사람의 입을 통해 전달되도록 하는 게 좋다.

대화의 법칙 02

모든 인간관계가 비대면으로
가능하다?

**"일단 만나서
이야기하자"는
괜히 생긴 말이 아니다!**

프리드리히실러 예나대학교
게자 암브루스

대면과 비대면 소통의 명암은 신종 코로나바이러스(이하 코로나19)를 겪고 나니 떼려야 뗄 수 없는 이야기 주제가 되었다. 재택근무를 시행하지 않던 일부 기업에서도 코로나19 이후 비대면 재택근무를 채택한 곳이 있으니 말이다.

최근에는 직접 만나서 말하면 불편해질 이야기, 심지어는 연인 사이의 이별 통보 등을 카카오톡이나 문자로 끝내는 사람도 많다고 한다. 메시지로 이별을 통보받은 당신이라도 관계에 대한 미련이 남아 있다면, "일단 만나서 이야기하자"라고 연락하지 않겠는가? 하지만 통보한 쪽에서는 만나고 싶지 않거나 의미가 없다고 생각할 수도 있다. 그랬을 때 '톡으로 말하면 되잖아?'라는 대답이 돌아올 것이다.

'만나서 이야기하자'는 제안은 단순히 헤어지고 싶지 않거나 우선 결론을 미루게 하려는 발언일 수도 있다. 그러나 일에서건 개인사에서건 만나지 않고 이야기했다가 실패하는 상황, 혹은 직접 보고 이야기해서 성공하는 요건은 분명히 존재한다. "만나서 이야기하자"에도 그럴듯한 이유가 있는 것이다.

직접 대면해 얻는 정보는 생각보다 많다

우선 그 의미를 알아보기 전에 '문자 대화나 영상통화(회의)' 와 '대면 대화'의 차이를 살펴보자.

가장 큰 차이는, 전자의 경우 각종 논버벌 커뮤니케이션 Nonverbal Communication을 활용하지 못하므로 정보량이 대폭 줄어든다. 논버벌이란 비언어적인 수단, 즉 표정이나 시선, 동작, 목소리 톤 등 언어 외의 방법으로 전달되는 정보다. 이렇게 말하면 당연한 얘기라고 생각할지도 모르겠으나, 문제는 그로 인해 어떤 일이 발생하는가다.

이와 관련해 미국의 심리학자 앨버트 메라비언 Albert Mehrabian 의 '메라비언의 법칙'이 자주 거론된다. 메라비언은 인간이 소통하면서 상대방의 인상을 결정짓는 요소 중 시각 정보는 55%, 청각 정보는 38%, 언어 정보가 7%를 차지한다고 했다.

그 밖에도 캘리포니아주립대학교의 로널드 리 애플바움 Ronald Lee Applbaum이나 펜실베이니아대학교의 레이 버드위스텔 Ray Birdwhistel 역시 언어보다 비언어적 커뮤니케이션이 65%를 차지한다고 했다. 메라비언이 주장한 수치와 다소 차이는 있으나 상대방의 인상을 결정짓는 요소로서 비언어적 커뮤니케이션이 압도적으로 크다는 점이 같다.

게다가 언어 정보가 고작 7%에 불과하다는 것은 얼굴도 보이고 목소리도 들리는 화상 회의에서 얻을 수 있는 정보량이 상당히 줄어든다는 것을 의미한다. 직접 대면해 이야기를 나누면 시선이 향하는 곳, 눈의 깜박거림, 숨소리, 몸동작, 공간에서 느끼는 분위기 등을 상대의 마음을 읽는 재료로 활용할 수 있으나, 모니터 너머로는 대부분 알아차리기 어렵다. 전화 통화 같은 음성을 통한 소통 또한 대면했을 때만큼의 정보가 전달되지 못하는 상황이 많을 것이다.

친밀감을 느끼는 소통

그렇다면 직접 얼굴을 맞대고 나누는 대면 소통에는 어떤 가치가 있을까? 두 가지 요소로 나누어 소개하겠다.

첫째로, 커뮤니케이션에는 인간관계 구축이라는 중요한 목적이 있다. 이 경우 비언어적 커뮤니케이션을 통해 얻은 정보량이 의미를 전달한다. 비언어적 정보가 없는 언어 정보만으로 "멋지군요!" 또는 "친해지고 싶습니다!"라고 들으면 그 말의 무게가 얼마나 깊은지 헤아리기 어려울 것이다.

실제로 만나서 이야기하는 대화가 훨씬 좋은 인상을 준다는 연구 결과도 있다. 독일 프리드리히실러 예나대학교의 게자 암브루스Géza Ambrus 연구팀에 따르면 화면으로 보는 것과 실제로 대면하는 경우 대면할 때 더욱 친밀함을 느낀다고 한다.

연구팀은 연구 대상자들을 다음의 세 가지 패턴으로 나누어 뇌파를 측정하면서 각 패턴의 사람을 어느 정도 인식하는지, 또 친밀감을 느끼는지 살펴보았다.

① 유명인을 잠깐씩 반복해서 본 경우(지각적 친숙화)
② 유명인을 미디어로 여러 번 본 경우(미디어 친숙화)
③ 일반인과 직접 만나 대화한 경우(개인적 친숙화)

그 결과 친밀감을 느끼는 정도는 ③→②→① 순으로 높았다.

결국 ②와 같이 시각적인 인식이나 상대에 관한 정보량이 많은 것보다 ③처럼 직접 만나는 것이 인간관계에는 효과적이라 할 수 있다.

또 물리적인 거리와 심리적인 거리는 비례해서 친한 사람, 즉 마음의 거리가 가까운 사람일수록 물리적 거리도 가까워지는 특성을 보인다. 마찬가지로 친해지고 싶은 사람과는 물리적 거리가 좁혀지길 기대하는 법이다. 반대로 엮이고 싶지 않은 사람, 즉 마음의 거리를 두고 싶은 사람에게는 물리적 공간에서도 거리를 두면 된다. 그런 점에서 문자이건 영상통화이건 인터넷 등을 매개로 하는 원거리 통신Telecommunication에는 넘지 못할 절

세상 보는 눈을 키워주는
동양북스
도서 시리즈

www.dongyangbooks.com

동양북스 베스트셀러 시리즈   **마케팅 천재들의 비밀 100가지**

무조건 팔리는 마케팅 기술 100

"잘 파는 사람은 사람의 심리를 알고 있다!"
고객을 설득하기 전에, 관심부터 끌어라

인문

매일 쓰는 단어가
당신의 철학을 말해준다

모든 단어에는 이야기가 있다

이진민 저 | 248쪽

철학과 교양을 한 권에!
의미의 정수를 찾고 사유의 확장을 돕는
철학자의 단어 산책

▷ 서울대 박찬국 교수, 안희연 시인 추천
▷ 온라인 서점 3사 인문 분야 베스트셀러

인생 내공 고전 수업

데라시 다카노리 저 | 오정환 역 | 352쪽

"얕은 사람과는 인생을 논할 수 없다"

당신의 '내공'은 몇 점?
고전 필독서 50권을 독파하면
단단한 인생 내공이 생긴다.

▷ 1등 스타강사가 직접 고른 동양고전 필독서 50

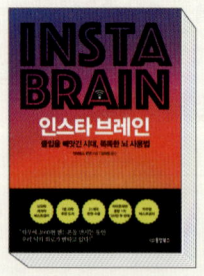

인스타 브레인

안데르스 한센 저 | 김아영 역 | 296쪽

몰입을 빼앗긴 시대, 똑똑한 뇌 사용법

하루 2600번 핸드폰을 만지는 동안
우리 뇌의 회로가 변하고 있다!

▷ 21개국 판권 수출된 세계적 베스트셀러

가장 쉬운 독학
미국회계사가 쉽게 설명해주는
미국주식 투자 첫걸음

한명호 저 | 456쪽

소중한 내 돈, 함부로 투자할 수 없다!

숙련된 미국회계사에게 제대로 배우는
미국주식 투자의 정석

▶ 국내 최초 미국 11개 섹터 22개 기업 재무제표 분석

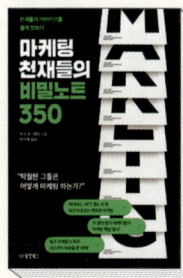

마케팅 천재들의 비밀노트 350

마크 W. 셰퍼 저 | 박지혜 역 | 288쪽

전 세계 천재 마케터들의 비밀 노하우,
당장 내 사업에 적용하라!

"탁월한 그들은 어떻게 파는가?"
요점만 쏙쏙 골라낸 그들의 비밀노트를 엿보다

▶ 메타버스, NFT, 웹3, AI 등 최신 마케팅 기술

부자아빠의 돈 공부

이용기 저 | 244쪽

김승호 회장의 한국사장학교 수료!

"사람에게 가장 큰 상처는 빈 지갑이다"
그러니 아들아, 꼭 부자가 되어라!

▶ 200억 부자아빠가 아들에게만 알려주는
  재테크의 비밀 33

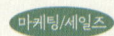

블로그 글쓰기는 어떻게 삶의 무기가 되는가

로미, 신은영, 윤담, 주얼송 저 | 304쪽

특별해서 쓰는 것이 아니라 쓰면서 특별해진다

글도 못 쓰는데, 블로그 시작해도 될까요?
"하루 30분, 나에게 집중하는
시간이면 충분합니다"

▷ 부와 운을 끌어당기는 '글쓰기 매직'

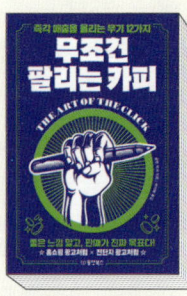

무조건 팔리는 카피

글렌 피셔 저 | 박지혜 역 | 368쪽

좋은 느낌 말고, 판매가 진짜 목표다!

홈쇼핑 광고처럼
전단지 광고처럼
즉각 매출을 올리는 무기 12가지

▷ 마케팅 분야 '직접 반응 카피'의 대가

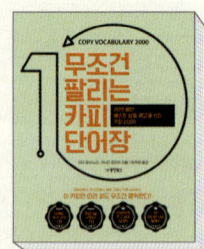

무조건 팔리는 카피 단어장

간다 마사노리, 기누타 쥰이치 저 | 이주희 역 | 256쪽

20년 동안 베스트 상품 광고에 쓰인 카피 2000

유튜브, 인스타, 블로그, 각종 sns에서
이 카피만 따라 써도 무조건 클릭한다!

▷ 마케팅의 신 간다 마사노리의 대표작

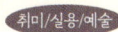

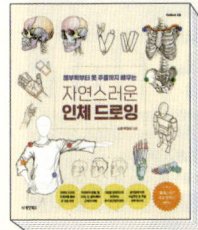

자연스러운
인체 드로잉

소은 박경선 저 | 280쪽

**인체를 자유롭게 그릴 수 있도록
안내하는 핵심 강의**

인체를 그리기 위해 방대한 정보를
모두 알 필요는 없다.
'인체'와 '해부학' 핵심을 한 권에!

▷ 3년 연속 베스트셀러

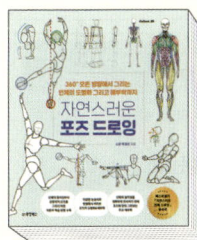

자연스러운
포즈 드로잉

소은 박경선 저 | 432쪽

**360° 어떤 각도에서도
인체를 완벽하게 이해하는 포즈 드로잉**

360° 모든 방향에서 그리는
인체의 도형화 그리고 해부학까지
그리고 싶은 포즈의 움직임을
이론으로 제대로 담았다.

▷ 베스트셀러 『자연스러운 인체 드로잉』 후속작 출간!

리니의
펜 드로잉 클래스

리니 저 | 368쪽

펜 드로잉 초심자를 위한 가장 친절한 입문서

펜 하나로 시작하는 나만의 특별한 취미.
소소한 일상과 오래 간직하고픈 여행의 순간을
기록하는 펜 드로잉·어반 드로잉의 매력!

▷ 클래스101 펜 드로잉 부분
　5년 연속 베스트 1위 강사의 최신작

교양

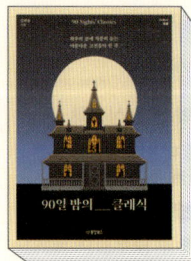

90일 밤의 클래식

김태용 저 | 384쪽

**하루의 끝에 차분히 듣는
아름다운 고전음악 한 곡**

음악 감상을 더 즐겁게 해줄 '감상 팁'과 바로 볼 수 있는 연주 영상 'QR코드'까지 꼼꼼하고 확실한 클래식 감상 가이드북!

▷ 클래식 음악 전문 기획자인 용작가 대표작

90일 밤의 미술관 _ 시리즈

이용규, 권미예, 명선아, 신기환, 이진희 저 | 416쪽
(루브르 박물관 편) 이혜준, 임현승, 정희태, 최준호 저 | 496쪽
(이탈리아 편) 김덕선, 김성희, 유재선, 이영은 저 | 516쪽

하루 1작품 내 방에서 즐기는 유럽 미술관 투어

90일 밤의 우주

김명진, 김상혁, 노경민, 신지혜, 이우경, 정태현, 정해임, 홍성욱 저 | 498쪽

잠들기 전 짤막하게 읽어보는 천문우주 이야기

"낯설던 것은 낯익게, 낯익던 것은 낯설게,
온 우주가 새로이 다가온다."
_ 천문학자 심채경 추천

▷ 2023 세종도서 교양 부문
▷ 2023 올해의 청소년 교양도서

대적인 물리적 거리가 존재하므로, 인간관계를 좁히기 위해서는 대면 소통을 능가할 수 없다.

참고로, 리버풀대학교 데릭 루터Derek Rutter 팀의 연구에서는 상대에 관한 물리적 힌트의 정보량이 많을수록 친밀함을 느끼기 쉽다고 말했다. 여기서 힌트란 입은 옷부터 대화할 때의 분위기까지 두루 포함하는 다양한 비언어적 정보다. 원거리 통신에서는 대면 소통에 비해 압도적으로 비언어적 정보량이 적으므로 심리적 거리가 좁혀지지 않는 것도 당연하다.

그렇게 생각하면 이별하는 연인이 만나서 이야기하자고 매달리는 것은, 성공률은 낮더라도 멀어져 버린 마음의 거리를 다시 좁혀보고자 하는 수단으로 나쁘지 않은 선택일지도 모른다.

대면 회의에서 기발한 아이디어가 나올 확률

대면 소통의 또 하나의 가치는 창의적인 대화를 할 때 주로 나타난다.

다수 인원이 참여하는 커뮤니케이션은 1대 다수의 단선형과 다수 대 다수의 복선형으로 나뉜다. 단선형 커뮤니케이션은 주고받는 정보나 언어가 화자와 청자 사이에만 존재하는 소통 형태다. 학교 수업에서 교사와 학생 간 대화를 생각하면 이해하기 쉽다. 주요 화자가 한 명 있고 듣는 사람이 여러 명인 경우로, 청자끼리는 대화하지 않고 청자가 화자와 이야기할 때도 1대1로 진행하며 나머지 사람들은 다시 청자가 되는 상황이다.

복선형 커뮤니케이션은 여러 사람이 참여하는 토론처럼 모든 참여자가 정보를 교환하는 형태다. 메인 화자가 있다고 해도 이웃하는 청자끼리 "지금 얘기 어떻게 생각해?" 하고 잡담식으로 의견을 주고받는 활발한 대화가 가능한 경우라면 복선형 커뮤니케이션이라 할 수 있다.

정보 전달 효과는 단선형 커뮤니케이션이 훨씬 높다. 그러나 플로리다대학교의 마빈 쇼Marvin Shaw는 연구를 통해 다음과 같은 논문을 발표했다.

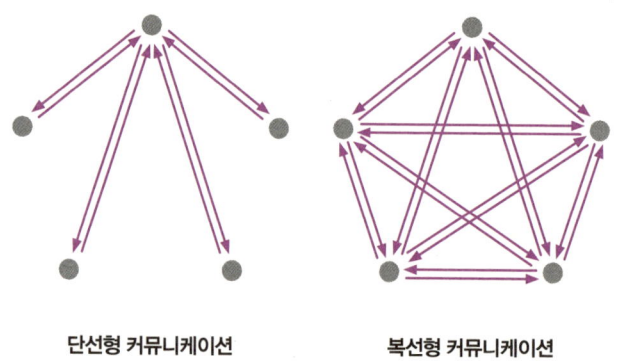

단선형 커뮤니케이션　　　복선형 커뮤니케이션

- 새로운 기획을 구상하는 의견 교환(정보 전달만은 제외)
- 정보 전달을 하며 그 정보를 분석해서 의견 교환을 하는 경우
- 복잡한 문제 해결

위와 같은 목적을 위해서는 구성원 간 이야기를 나눌 수 있는 복선형 커뮤니케이션이 압도적으로 효율성이 높다. 실제 이들의 만족도나 사기도 올랐다는 결과도 있다.

나도 창의적인 아이디어를 내야 하는 수업은 코로나19의 위기 속에서도 가능한 한 대면으로 진행하고자 했다. 반면 수강자가 다수이고 지식을 전달하는 게 우선인 강의에서는 기본적으로 줌ZOOM이나 온디맨드On Demand 같은 플랫폼을 활용했다.

줌에서는 접속한 참여자들이 같은 크기의 화면으로 분할되고 메인으로 말하는 사람만 클로즈업된다. 정보 전달을 위해서는 탁월한 기능이지만 참여자끼리의 수평적 대화가 이루어지기 어렵기 때문에 활발한 진행을 기대하기 어렵다.

...

뇌는 오히려 멍한 상태일 때 창의성을 발휘한다

수평적 관계에서의 가벼운 스몰토크는 사람 사이에서도 중요하지만, 흥미롭게도 뇌의 작용에도 지대한 영향을 미친다.

미국의 신경학자 마커스 라이클Marcus Raichle은 '디폴트 모드 네트워크Default Mode Network, DMN'라는 뇌의 신경망 상태를 발견했다. 기능적 자기공명영상법fMRI을 이용해 뇌를 찍은 결과, 인간이 아무것도 하지 않은 상태인데도 활발하게 활동하는 부위가 여러 곳 있음을 알게 된 것이다. DMN은 쉽게 말해 집중의 정반대 개념으로, 멍한 상태를 의미한다. 놀랍게도 그 후 연구에서 인간은 이 멍한 상태일 때 오히려 창의성을 발휘하기 쉽다는 사실이 밝혀졌다.

집중했을 때는 뇌의 특정 영역만 집중적으로 활동하기 때문에 다른 영역이 멈춘 상태이지만, 멍하니 있을 때는 전체적으로 공회전하듯 활동하는 것과 같다. 멍한 상태일 때는 여러 영역의 횡적인 연결이 생성되기 쉬운, 즉 복선화가 일어나기 쉬운 상태라고 할 수 있다.

평소에는 상상도 못 할 사람과 꿈속에서 상상도 못할 사건이 이어진 경험이 있는가? 그 이유는 뇌는 자고 있을 때도 활동하는 DMN 상태이므로 그렇게 현실적으로 불가능한 연결이 꿈속에서는 실현되는 것이다.

집중하면 뇌가 긴장해서 아이디어가 나오지 않지만, 오히려 반신욕을 하는 중이거나 잠에서 깼을 때, 커피를 마시면서 초점 없이 있다가 불쑥 아이디어가 떠오르는 것도 DMN 상태이기 때문에 가능하다. 또 프리스타일 랩 같은 경우에도 래퍼가 모든 가사를 암기한 것처럼 능수능란한 퍼포먼스를 선보이지만, 사실 숙달된 래퍼는 거의 무의식적으로 랩을 쏟아내는 것이라고 한다. 내가 실제로 유명한 프로 래퍼의 뇌파를 측정한 적이 있는데, 프리스타일 랩을 할 때의 뇌는 집중한 상태가 아니라 오히려 이완되어 절반은 몽롱한, 그야말로 DMN 상태였다.

최근 바쁜 직장인들 사이에서 사우나가 유행하고 있다. 단순하게 피로를 푼다는 효과도 있겠으나 어떤 의미에서는 강제적으로 멍한 상태를 만들어 쉽게 창의적인 아이디어가 떠오르게 함이기도 하다.

이는 자연스럽게 생기는 잡담도 마찬가지다. 예를 들어, 내용이 정해진 강연을 할 때 뇌는 '이 이야기를 하겠다'라고 의식한다. 이때 중요한 것은 집중하는 것이다. 반대로 계획되지 않은 이야기를 할 때는 딱히 생각하지 않는다. 그래서 사고회로가 좋지도 싫지도 않은 방향으로 점프하니 영감을 얻기 쉬워지는 것이리라.

· · ·

회식이 사라지니 학자가 역풍을 맞는다

나 역시 이런 가벼운 잡담의 중요성을 실감한다. 아마 다른 학자나 연구원도 같은 마음이지 않을까 싶다. 코로나19로 인해 실제 공간을 빼앗기는 바람에 연구에 큰 타격을 입었다.

솔직히 학회에서 발표하는 내용은 일방적인 정보 전달이므로 온라인으로 개최해도 어떻게든 된다. 그보다 큰 문제는 학회가 끝난 후 뒷풀이나 친목의 자리를 열지 못하는 것이다.

전국에서 모인 뛰어난 사람들과 먹고 마시면서 이야기에 몰두하는 이 시간에는 발표에 관한 진지한 피드백도 이루어지지만, 복선형 커뮤니케이션이 가능한 장소인지라 이따금 대화가 옆길로 새기도 한다. 이때 세계 굴지의 지성들 입에서 흘러나오는 자연스러운 잡담이 어마어마한 자극제가 된다.

나도 학회 후 간담회나 2차 회식 자리에서 교류를 통해 아이디어를 키우거나 기량이 뛰어난 연구원들과의 공동 연구 등 다양한 인사이트를 경험했다. 이렇듯 고마운 회식 문화가 사라져 버리는 탓에 새로운 연구를 위한 아이디어 창출에 고심하는 사람들이 전 세계 연구기관에 있을 것이라고 나는 확신한다.

다양한 배움이나 경험으로 여러 수평적 연결을 만들어내는 '재료'를 준비해 두는 것은 엄청나게 중요하다. 좋은 재료는 어디에 있을까? 재료는 자기 내면에만 있는 것이 아니다. 본인의 뇌를 넘어서 다른 사람이 가진 재료와 자신이 가진 재료의 합성 방법을 찾는 것이 관건이다.

인간은 사회적 동물이다. 한 마리 외로운 늑대로 지내기보다 다른 사람과 이어지고 도움을 주고받음으로써 자연계의 생존

경쟁에서 살아남았으며 자손의 번영을 실현해 온 생물이다.

　인터넷 속 커뮤니케이션에 익숙해져서 만남을 멀리하는 사람도 부디, 소중한 사람과 깊은 인연을 맺고 싶거나 창조적인 아이디어가 필요할 때는 귀찮아하지 말고 "만나서 이야기하자" 하고 연락해 보길 바란다. 반드시 그 결과는 달라질 것이다.

대화의 법칙 03

임원은 골프나 접대만 하고
일하지 않는다?

거금은 회식 자리에서 움직인다!

그레고리 라즈란의
런천 테크닉

요즘은 많은 회사가 회식을 하지 않는다고 한다. 코로나19로 많은 인원이 모이지 못하게 되면서 자연스레 그 횟수가 줄기도 했지만 젊은 직원들은 회식을 좋아하지 않는다는 인식 때문인 것 같다. 하지만 회식은 때때로 어떤 자리보다 필요한 업무라는 점을 확실히 하고 싶다.

회식은 여러 단계를 뛰어넘는다

나는 '술자리에는 기어서라도 가라!'라는 제목으로 책까지 출간했을 정도로 술자리에 애착을 느끼는 인간이다. 여기서 웃긴 점은 나는 술을 한 잔도 못 마신다는 것이다. 코로나19 이전에는 누군가가 회식 자리에 부르면 어떤 일이든 제쳐 놓고 참석했다. 덕분에 동종업계의 연구원 외에도 수많은 경영인이나 사회에서 활약하는 이들과 알게 되었고 여러 방면으로 다양한 이야기를 들을 기회가 많았다.

그 결과 나름대로 깨달은 점이 있다. 뛰어난 사업가는 자기 회사 밖의 역량 있는 회사원 또는 경영인과 수평적 소통을 선호한다. 그리고 그들은 대체로 회식 자리를 자주 갖는다.

거대 기업과의 거래를 성사시키기 위해서는 입구부터 들어가 결재를 통과하는 형태로 바텀업Bottom-Up 방식을 따라 한 단계씩 밟아가야 한다. 이 경우 목표까지 갈 수는 있으나 시간이 걸리고 도중에 좌절하는 일도 많다.

그러나 회식 자리에서 대표 혹은 결재권을 쥔 사람과 직접 이야기할 기회를 얻으면 톱다운Top-Down 방식으로 단숨에 목표까지 도달하는 경우가 종종 있다. 초일류 기업의 거대 프로젝트라면 어느 정도의 절차는 필요하겠지만, 적어도 몇 단계를 건너뛰거나 결재가 쉽게 통과되는 효과는 있을 것이다.

기껏해야 회식이지만 그래도 회식만 한 건 없다. 결국, 일은 사람과 사람이 하므로 누구와 일하고 싶은가의 이야기인 것이다. 상대의 인간성을 제대로 파악하기 위해 일과 관련되지 않아도 접촉할 수 있는 회식을 기회의 장으로 이용하라.

∴

쓸모 있는 기술 '런천 테크닉'

러시아 출신의 미국 심리학자 그레고리 라즈란Gregory Razran이

주장한 '런천 테크닉Luncheon Technique'을 아는가? 식사 중에는 사람이나 사건을 호의적으로 인식하고 관련한 설득이나 제안에도 응하기 쉬워진다는 심리 작용이다. 이유도 매우 단순하다. 인간은 맛있는 것을 먹다 보면 기분이 좋아지기 때문이란다. 게다가 그 좋은 기분이 다른 곳으로도 전파되는 효과까지 있다는 것이다.

회의실에서 이야기하면 아무래도 일과 관련된 진지한 대화만 오가기 마련이지만 음식 앞에서는 긴장을 풀고 편하게 이야기할 수 있기 때문이기도 하다.

다양한 만남은 새로운 영감의 창구

직장 내 가벼운 잡담도 중요한 역할을 하지만, 보통 이 경우의 대화는 동종업계 사람끼리 나누는 내용일 때가 압도적으로 많다. 그러나 회식 자리는 분야가 다른 사람과 만날 기회가 늘기 때문에 그 자체가 자극이 된다. 위대한 혁신은 완전히 무에서 유를 창출하는 것이 아니라 이미 존재하는 것들의 조합으로 탄생하는 것이다. 잡담도 새로운 상대와 함께할 때 더욱 창의적인 발상으로 바뀌지 않을까?

또 회식 자리에서는 평소 대화보다 거침없이 이야기하기 쉬우므로 복선형 커뮤니케이션에 훨씬 활기를 띠기 쉽다는 이점도 있다.

일본의 후지타 스스무藤田 푬 등 일류 기업가 중에는 마작 애호가가 많다고 알려져 있다. 마작이라는 게임 자체가 비즈니스에 도움이 될 뿐만 아니라 탁자를 둘러싸고 앉아 소통하는 데서도 큰 가치를 갖는다.

나는 담배를 피우지 않지만, 흡연 공간도 마찬가지다. 특히 직장에서는 일로 접점이 없는 사람이라도 한 공간에 있게 되므로 평소와 또 다른 이야기가 나올 확률이 높다. 최근 흡연자들의 입지가 좁아져 그들끼리의 연대감이 생기기 더 쉬워졌다. 그래서인지 사회적 위치를 초월한 관계나 대화를 갖는 기회가 늘었는지도 모른다.

이렇듯 얼핏 쓸데없어 보이는 사회인끼리의 커뮤니케이션에도 유용한 요소가 많다. 적어도 회삿돈으로 꽁밥을 먹는 게 죄악이 아님은 확실하다.

대화의 법칙 04

소통, 커뮤니케이션은
적을수록 좋다?

아이디어는
어디서
나올지 모른다!

마이크로소프트사와
캘리포니아대학교 버클리의 공동 연구

요즘 사람들은 스스로 업무 효율을 찾는다. 효율적인 업무 환경 이야기가 나오면, 업무를 위한 커뮤니케이션 논쟁은 빠지지 않는다. 실제로 쓸데없는 커뮤니케이션이 많은 회사도 많겠지만, 모든 업종이 그렇다고 볼 수는 없다.

마이크로소프트사와 캘리포니아대학교 버클리에서는 6만 명 이상을 대상으로 6개월에 걸쳐 조사를 진행했다. 원격근무제는 타 부서 간 대면 회의 혹은 전화나 화상 회의 같은 실시간 의사소통이 줄고, 대신 이메일처럼 실시간 대응을 요구하지 않는 소통이 늘게 했다. 결과적으로 사내 네트워크를 통해 새로운 정보를 얻거나 공유하는 일이 줄었다는 것이다.

· · ·

일방적 커뮤니케이션과 쌍방적 커뮤니케이션

이미 종료된 사안을 보고하는 자리에서는 일방적 커뮤니케이션으로도 충분하다. 그리고 사실 굳이 한 자리에 모여서 이야기할 필요조차 없다. 어쩌면 파일을 업로드해서 보고하는 게 효율적일지도 모른다. 그러나 만나서 이야기를 나눈다면 쌍방적 커뮤니케이션도 중요해진다. 앞에서 말한 것처럼 쌍방적 커뮤니케이션은 아이디어가 드러나기 쉬우므로 다각적인 검토나 복잡한 문제 해결 등에 적합하다. 될수록 많은 인원을 참여하게 하려고 화상 회의를 채택하는 것이 최선은 아니다. 직접 대화가 아니면 수평적 연결이 어렵고 창의적인 생각의 계기가 되는 가벼운 잡담의 기회도 생기기 힘들다.

박사 논문을 작성할 때, 문제의 해결 방안이 보이지 않아서 실제로 1년 이상 진척이 없었던 적이 있다. 그때 동급생과 우연히 카페에서 차를 마시면서 나눈 스몰토크 중 갑자기 해결책이 뇌리를 스쳤고 그로부터 얼마 후 박사 논문을 마칠 수 있었다. 그때까지 쌓아놓았던 지식이 잠깐의 스몰토크로 고리에 고리를 만들었고 마치 수많은 점이 하나의 선으로 이어지는 것 같았다. 지금도 문득 그때의 수다가 없었다면 논문을 마칠 수 있었을까, 하고 생각한다.

세상의 모든 혁신은 기존에 없었던 것 같은 요소들의 조합으로 만들어지는 경우가 많다. 전화와 편지의 기능을 합쳐 팩스를 발명하고 전화와 컴퓨터를 조합해 스마트폰을 탄생시켰듯, 새로운 아이디어는 의외의 조합으로부터 생겨난다. 그리고 때로는 스몰토크 같은 의외의 시간이 종종 창조의 계기가 되는 것이다.

배심원제도에도
쌍방향 커뮤니케이션이 필요하다

 창조적인 대화를 위해서는 오히려 가벼운 잡담의 기회를 자연스럽게 유도하는 게 중요하다. 자잘한 모래 같은 대화 속 진주를 찾기 위해서다.
 나는 법언어학자로서 가끔 재판에 참석할 경우가 생긴다. 내가 법언어학 연구와 관련된 재판에서 목격한 일이다. 일본 재판의 배심원제도에서 배심원은 전문가가 아닌데도 압박감을 주는 공간에 의무적으로 앉게 된다. 그 때문에, 활발한 논의를 만들어내려면 판사가 나서서 쌍방향 커뮤니케이션을 유도해야 한다. 그런데 그날의 판사는 배심원의 자유롭고 힘찬 발언을 끌어내지 못하고 그저 배심원 개인에게 차례대로 질의 응답하는 데서 그치는 것이었다. 예상대로 그 재판에는 열띤 토론과 발전적 논의가 따라오지 않았다. 한 사람의 인생이 걸린 재판을 하는 곳인 만큼 적당한 논의는 필요하다고 생각해, 아쉬운 마음을 달랠 길이 없었다.
 쌍방향 커뮤니케이션이 필요한 자리였음에도 불구하고 최소한의 소통이 허락되는 분위기의 그곳에서는 더이상의 이야기가 나올 수 없는 상황이었다.

교섭 회화와 교류 회화

개인 대 개인의 커뮤니케이션에서도 목적의식은 중요하다. 케임브리지대학교의 질리언 브라운 Gillian Brown과 루이지애나 주립대학교의 조지 율 George Yule은 회화를 교섭 회화와 교류 회화로 구분해 정의했다.

교섭 회화는 정보를 끌어내거나 제공한다. 주로 명령이나 의뢰를 통해 상대의 행동을 촉구하며 설득하고 사과하는 등 명확한 목적이 있을 때 이루어진다. "저는 OO일 O시 회의에 참여하지 못합니다" 또는 "이 제품은 얼마인가요?"와 같은 내용이다.

교류 회화는 인간관계의 유지나 구축을 목적으로 한다. 대화 내용이 전혀 무의미하다고 할 수는 없으나 대화하는 것 자체에 목적이 있다. 즉 이 경우에는 이야기하는 내용(수단)이 어떤 것이든 상관없기에 얼핏 쓸데없는 소통방식으로 보일지도 모른다. 그러나 그것이 본래의 목적인 교류 회화를 이어가기 위한 윤활유로 작용한다.

억지로 의미를 찾고자 하면 소중한 것을 잃을 수도 있다. 중요한 것은 목적을 어디에 두는가이다. 무의미한 대화는 없다는 것을 잊지 말자.

------------ **2장** ------------

성공한 삶의 비결은
바로 진심이다

인생에 플러스가 되는 말투

대화의 법칙 05

출근 일수가 적으면
생산성이 떨어진다?

**주 4일 근무로
성과와 창의성이
향상되었다!**

오클랜드공과대학교
재러드 하르

코로나19의 여파로 갑작스레 도래한 재택근무 보편화 시대. 사무실에 출근해서 일하는 것과 생산성의 관계는 넓게 보면 인간관계와 커뮤니케이션에 관한 문제이기도 하다.

재택근무는 과연 생산성을 떨어트리는 업무일까? 미네소타 대학교 로버트 자이언스Robert Zajonc의 사회적 촉진 이론에 따르면 업무 정확도는 출근할 때 더 향상된다고 한다.

그와 반대로 스탠퍼드대학교의 니콜라스 블룸Nicholas Bloom 연구팀은 코로나19가 발생하기 전에 여행사의 전화 상담원 약 1만 6천 명을 대상으로 작업 효율을 조사했고, 이들이 재택근무를 했을 때 일의 성과가 평균 13% 향상되었다고 한다.

이후 2021년, 시카고대학교의 마이클 깁스Michael Gibbs가 정보통신기술IT 업계에서 종사하는 사원 약 1만 명을 대상으로 진행한 조사에서는 이들의 근무시간이 평균 18%까지 증가한 데 반해 생산성은 8~19%나 떨어진 것으로 나왔다.

또 오하이오주립대학교 글렌 더처Glenn Dutcher는 논문을 통해, 재택근무를 할 경우 단조로운 작업에서는 생산성이 6~10%

떨어지고 창의적인 작업에서는 11~20%나 높아진다고 보고했다.

이 같은 연구들로 보아 출근하는 횟수가 줄어든다고 당장 생산성이 떨어지는 것은 아니다. 하지만 이는 작업 내용 등에 따라 달라진다는 것을 알 수 있다. 노동시간과 생산성에 관한 매우 흥미로운 발견이다.

정부의 지원 덕택인지 많은 기업들은 선택적 주 4일 근무제를 차차 도입하고 있다. 노동시간을 줄이되 급여는 유지하기, 노동시간을 줄이고 급여도 줄이기, 노동시간을 유지하고 (하루 10시간 노동 × 주 4일 근무) 급여도 유지하기 등 기업에 따라 다양한 패턴이 있는 듯한데, 실질적 효과는 어떨까?

오클랜드공과대학교 재러드 하르Jarrod Haar가 진행한 연구에서는 임금을 유지하면서 주 4일 근무제를 시행했더니 직원들의 반응이 다음과 같았다고 한다.

- 일의 성과 및 창의성, 만족도, 업무량 등이 향상되었다.
- 워라밸Work-life balance 만족도 또한 24% 향상되었다.
- 기업이 직원의 복지 및 멘탈 건강 등을 고려한다고 생각했다.
- 조직에 대한 기대, 자신감, 문제대응력, 조직의 성장 정도, 조직 결속력 등이 강화되었다.
- 스트레스가 7% 감소하는 등 복지에서도 개선이 보였다.

- 관리직이 평가하기에도 직원의 성과가 떨어지지 않았고 시간 관리나 고객 대응, 창의성에서도 개선을 보였다.

얼핏 봐도 좋은 점들만 가득하지 않은가? 그 밖에도 일본 마이크로소프트에서는 2019년 8월, 주 4일 근무제를 시험적으로 도입해 '워크 라이프 초이스 챌린지 2019_{Work-Life Choice Challenge 2019}'라는 업무 개선 프로그램을 진행했고, 생산성은 40%가 향상되었다. 게다가 이 프로그램에서는 하루 동안의 직원끼리의 교류가 전년 동월 대비 10% 증가했다. 이 결과로 보면 주 4일 근무제를 시행한다고 해서 직원 간 소통이 감소하는 것만은 아닌 듯하다.

위의 데이터들을 종합하면, 주 4일 근무제를 시행하면 업무에 악영향을 미친다고 생각하는 것은 섣부른 판단이다. 일주일에 5일 일하다가 4일로 근로 시간이 80%가 줄었는데도 오히려 생산성이 40%나 올랐다는 일본 마이크로소프트의 결과치는 (물론 이 회사에서 그와 같은 시스템을 도입할 여력이 있었고 운용 기술이 있는 인재를 보유한, 손꼽히는 기업이었기에 가능했을 테지만), 주 5일 근무만을 고집하는 많은 기업에 효율성을 물어야 함을 보여준다.

일을 하는 시간만이 답이 아니라는 말에 반대하는 사업주가 있을지도 모르겠다. 하지만 휴일이 늘면 가족이나 친구와 지내는 시간도 늘기 때문에 전체적인 의욕이 오를 수도 있고, 무언가 경험하고 배우는 시간이 생길 수도 있다. 또한 출퇴근 횟수가 줄어들어 체력을 허비하지 않으니 그만큼 일에 집중할 수 있다는 등의 긍정적 작용이 생산성에 공헌했는지도 모른다.

무엇보다 주 4일 근무제를 도입한다면 사내 분위기는 물론 시스템에도 많은 변화가 필요할 것이다. 무엇보다 중요한 건 며칠을 출근하는지보다, 이런 제도가 없다고 해도 직원 스스로 4일 만에 업무를 끝내고 하루쯤은 여유롭게 보내는 자세를 갖는다면 생산성이 개선될지도 모른다.

대화의 법칙 06

사과받아도 내키지 않으면
용서할 필요 없다?

**용서하는 척이라도
하지 않으면
다시 공격당한다!**

트리니티대학교
해리 윌리스

다투고 난 후, 상대가 갑자기 먼저 사과한다면? 그리고 아직 나는 사과 받을 마음이 없다면? 아무래도 상황을 보고 내키면 용서하고, 내키지 않으면 용서하지 않겠다고 생각할지도 모른다. 이때 얼굴조차 보고 싶지 않은 상대라도, 될 수 있으면 용서하는 게 낫다. 용서받지 못한 상대는 용서해 주지 않았다고 다시 공격할 가능성이 있다.

트리니티대학교 해리 월리스 Harry Wallace 연구팀의 조사는 매우 놀라웠다. 이미 다툰 상대가 있는 상태에서 부득이하게 누군가에게 다시 해를 끼쳐야 한다면 누구를 해할 것인가라는 질문에 대해, '처음에 사과해서 용서해 준 상대'라고 답변한 사람은 15%인데 반해 '처음에 사과해도 용서해 주지 않은 상대'라고 답변한 사람은 86%나 되었다. 그의 또 다른 조사에서는 '내게 해를 입힌 사람이라도 사과하고 용서받으면 이전의 행동을 후회한다'라는 결과도 나왔다. 그러므로 나를 괴롭힌 상대라도 사과를 건넨다면 마음을 너그럽게 먹고 그 사과를 맛있게 받아주자.

누군가를 용서하면 스트레스 호르몬이 줄어든다

하지만 용서받지 못한 모든 사람이 상대를 공격하는 것은 아니기에 '내 감정을 속이면서까지 용서하고 싶지 않아'라고 생각하는 사람도 있을 것이다.

그럼에도 나는 용서를 추천한다. 용서는 상대의 분노를 가라앉힐 뿐 아니라 스스로에게도 좋은 영향을 준다는 것을 많은 연구가 입증했다.

미국 아이오와주 루터대학교의 로렌 투생Loren Toussaint 팀이 진행한 연구를 보면 괴롭힌 상대를 용서한 사람은 5주 안에 스트레스가 감소했고 정신적 건강 문제도 줄어들었다.

캐나다 칼턴대학교 레나테 이셀디크Renate Ysseldyk 팀의 연구에서는 복수하고 싶은 상대를 용서했더니 코르티솔 분비가 줄었음을 밝혔다. 코르티솔은 스트레스를 받을수록 많이 분비되기 때문에 스트레스 호르몬이라고도 불린다. 실험에서 말하고자 하는 것은 한 번의 용서로 스트레스의 부담을 낮출 수 있다는 것이다. 자신을 위해서도 상대를 위해서도 가능하다면 사과를 받아들이자. 비록 쉽지는 않겠지만 말이다.

대화의 법칙 07

당근보다 채찍이
상대를 성장하게 한다?

폭언은
인간의 처리능력을
61%나 떨어트린다!

조지타운대학교 크리스틴 포래스 &
플로리다대학교 아미르 에레즈

사람은 누구나 실수를 한다. 하지만 부하직원이 큰 실수를 했을 때, 상사인 나는 어떻게 반응하는 것이 좋을까?

대부분의 상사는 실수를 저지른 부하직원을 질책하는 경우가 많지만 나는 이 방식을 추천하지 않는다. 인간은 기본적으로 누군가에게 꾸짖음을 들으면 목표 달성에 미치는 영향이 좋지 않기 때문이다.

조지타운대학교의 크리스틴 포래스Christine Porath와 플로리다대학교의 아미르 에레즈Amir Erez가 진행한 연구 결과는 다음과 같았다.

- 폭언을 들은 사람은 처리능력이 61%, 창의력이 58% 떨어졌다.
- 간접적으로라도 폭언을 들은 사람은 처리능력이 33%, 창의력이 39% 떨어졌다.
- 타인이 폭언 듣는 장면을 목격하기만 한 사람도 처리능력이 25%, 창의력이 45% 떨어졌다.

비슷한 연구로 1925년 컬럼비아대학교 엘리자베스 헐록 Elizabeth Hurlock이 진행한 오래된 실험이 있다. 9~11세 학생 80명을 세 그룹으로 나누어 시험지를 풀게 한 후 답안지를 돌려주며 상황을 다르게 설정했다. 각각 칭찬하거나 꾸짖기, 아무 말도 하지 않기를 반복한 실험이다. 그 결과, 친구들 앞에서 칭찬 받은 아이들의 계산 시험 성적이 71%나 올랐으나 꾸중을 들은 아이들의 성적은 19%만 올랐다.

물론 이런 면을 충분히 이해하면서도, 어쩔 수 없이 혼내야 하는 상황이 있기는 하다. 현실적으로 엄하게 야단치지 않으면 행동을 고치지 못하는 사람도 있고, 결코 일으켜서는 안 되는 목숨과 직결되는 치명적인 실수를 일으킨다면, 문제는 걷잡을 수 없어진다. 단지 혼을 내는 목적이 상대를 움직이게 하거나 동기부여를 주기 위해서라면 다른 방법이 있을 것이라는 얘기다.

인간의 마음에는 반발이나 저항이 작용한다. 이는 타인으로부터 자유를 억압당한다는 느낌이 들 때 그 자유를 회복하고자 하는 반응이다.

공부하려고 마음먹자마자 "빨리 공부해!"라는 부모님의 한 마디에 급격히 사기가 떨어진 적이 있는가? 해야겠다는 결심이 섰다가도 누군가에게 억지로 강요받는다는 느낌이 드는 순간, 자유를 되찾고자 '공부 안 할 거야'라는 자유의지를 구하게 된다. 이는 어린 자녀에게만 해당하는 것은 아니다. 다 큰 성인에게 지시하거나 주의를 줄 때도 "그 자료 작성하세요!" 또는 "방 좀 치워!"와 같이 선택권을 제한하거나 강제하는 듯한 말투를 피해야 상대의 동기를 끌어올리기 쉽다.

내발적 동기부여를 이용한다

상대의 동기를 끌어올리는 또 하나의 방법이 있다. 바로 '내발적 동기부여'를 확장하는 일이다. 내발적 동기부여란 내면에 있는 의욕이 솟구치는, 즉 모티베이션이 높아지는 상태를 의미한다. 이에 반해 동기부여의 원인이 외부에 있는 상태를 외발적 동기부여라고 한다.

일반적인 기업에서는 대부분 의욕이 넘치는 직원을 선호한다. 그래서 부하직원이나 동료가 '일하는 게 즐거워!' 혹은 '날마다 성장하는 느낌이야' 같은 내발적 동기를 일으켜 긍정적으로 일해주기를 기대하게 된다.

원래 동기부여에는 내발적 동기와 외발적 동기가 섞이는 패턴도 있다. 가령 당신이 부하직원의 업무 능력을 칭찬했을 때 이에 감동한 직원이 다시 칭찬받고 싶어서 더 열심히 일하게 되는 것은 외발적 동기와 내발적 동기가 함께 작용한 경우다. 바꾸어 말해, 사람을 움직이고자 한다면 내발적 동기부여로 발전할 만한 외발적 작용을 먼저 일으켜야 한다. 이를 위한 핵심이 결과보다 과정 중시, 그리고 보상이다.

결과보다 과정을 인정받으면 성장한다

인간은 결과보다 과정을 인정받으면 성장함과 동시에 동기가 부여된다.

컬럼비아대학교의 클라우디아 뮐러_{Claudia Mueller}와 캐롤 드웨크_{Carol Dweck}의 연구를 살펴보자. 성적이 오른 학생들 중 지능을 칭찬한 학생과 노력을 칭찬한 학생으로 나누어 더욱 어려운 시험을 치르게 했더니 지능을 칭찬받은 학생의 성적은 떨어졌고 노력을 칭찬받은 학생의 성적은 올랐다. 능력을 칭찬받은 학생은 자기 능력에 안도한 나머지 지속적인 노력을 게을리했을 가능성이 높다. 이는 어린 학생을 대상으로 한 연구이지만, 대상이 대학생 이상의 성인이었어도 결과는 마찬가지다.

이를 비즈니스에 적용한다면 실적을 낸 부하직원에게 능력보다 실적을 올리기까지의 과정을 칭찬하는 게 좋다는 말이 된다. 능력을 칭찬해버리면 부하직원은 특별히 무언가를 하지 않아도 가능하다는 생각에 신경 쓰지 않게 되고 동기도 오르지 않을 것이다. 그러나 과정에 무게를 둔다면 결과가 기대치에 못 미쳐도 여태껏 쌓아온 일에 대한 보람이나 앞으로 나아가고 있다는 응원을 얻을 수 있고 동기도 유지하기 쉬워진다.

보상은 흘린 땀에 대한 감사 표시여야 한다

외발적 동기부여의 또 다른 핵심은 보상이다. 보상과 동기부여에 관한 연구는 무수하다. 보상이 주어지면 의지가 솟다가도 보상이 끊기는 순간 의지가 사라지는 역효과를 낳기도 한다. 원래 의욕을 갖고 일하던 직원도 보상으로 인해 '이건 보상받기 위한 일이지, 좋아서 하는 게 아니야'라는 생각으로 동기부여에 힘을 잃는 것이다.

보상을 어떤 방식으로 사용하는 게 좋은지 구분하기는 어렵다. 첫 번째 핵심은 꾸중보다는 칭찬하기다. 어쩔 수 없이 행동에 주의를 주어야 한다면 반발심을 자극하지 않도록 하자.

화장실에서 '늘 깨끗하게 사용해 주셔서 감사합니다'라고 적힌 문구를 발견한 적이 있을 것이다. 왜 '화장실을 더럽히지 마세요!'가 아닐까? 이 문장은 메시지를 받는 사람의 자율적인 욕구를 가로막는 표현이다. 반면에 깨끗이 사용해 감사하다는 표현은 메시지 수신자의 자율적인 욕구를 저해하지 않는다. 상대의 자유 욕구를 최대한 배려하면서 전달하는 게 중요하다.

두 번째 핵심은 결과보다 과정을 평가하기다. 좋은 결과를 얻어서 칭찬하는 게 아니라 결과뿐만 아니라 상대가 흘린 땀을 평가하고 그 노력에 감사하는 의미로 보상을 준다면 상대의 내발적 동기를 끌어올리기 쉬울 것이다.

경쟁사와의 경합에서 불리한 조건을 극복하고 성과를 낸 부하직원에게 보상을 주는 경우, "B사와의 경쟁에서 잘 싸워주었네!"가 아니라 "사전 조사부터 차근차근 열심히 준비해 주어서 고맙네!"라는 말로 격려하면서 식사 등을 대접하면 좋을 것이다.

대화의 법칙 08

일할 때는
진지해야 한다?

**웃으면서
일하면
성과도 오른다!**

런던대학교 알레한드레 셸 &
미시간대학교 앤아버 바바라 프레드릭슨

화내는 사람과 같은 공간에 있기만 해도 기분이 나빠진다는 연구가 있다. 실제 우리 뇌에 있는 신경세포 거울 뉴런Mirror Neuron은 눈으로 본 사람의 움직임을 따라 하려는 성질이 있다. 말 그대로 거울 같이 부정적인 현상까지 흉내 내기 때문에 분노 같은 좋지 않은 감정도 전달된다.

하와이대학교 일레인 해트필드Elaine Hatfield의 연구에서는 부정적인 사람과 지내는 시간이 길어지면 그 사람과 비슷한 생각을 하게 된다고 보고했다. 부정적이고 불만이 많은 사람과 지낼수록 표정이나 자세, 목소리, 동작까지 비슷해진다. 같은 원리로, 웃는 얼굴이나 행복한 표정은 자신에게도 주위 사람에게도 행복을 안겨준다.

런던대학교 알레한드레 셀Alejandre Sel의 연구에서는 다른 사람이 웃는 모습을 볼 때 뇌에서 자신이 웃을 때와 똑같은 반응이 나타났다고 밝혔다.

아이치의과대학교 마쓰나가 마사히로松永昌宏의 연구에서는 행복지수가 높은 사람은 주변에도 행복한 친구가 있음을 증명했다. 웃으면 복이 온다고 하듯 나와 만나는 모든 사람들이 행복해질 수 있다면 나 자신도 행복해질 것이라 믿는다. 그러기 위해 우선 나부터 웃음을 지어보는 건 어떨까?

억지로 웃어도 기분이 좋아진다

사무실에서 근무할 때는 기본적으로 진지해야 한다는 통념이 자리한다. 방긋 웃으며 일하다가는 집중하지 않는다고 질타를 받을지도 모른다. 하지만 오히려 미소를 짓고 있으면 업무 효율이 높아진다는 연구들이 있다.

독일 만하임대학교 프리츠 슈트라크Friz Strack 연구팀은 펜을 이용한 하나의 실험을 실시했다. 대학생들을 대상으로 진행한 이 실험은 펜을 평소에 쓰지 않는 손으로 들고 있도록 하기, 펜을 입술로 물고 있도록 하기, 펜을 이로 물고 있도록 하기의 세 그룹으로 나누어 만화를 읽도록 했다. 그 결과 펜을 입술로 물고 있던 학생 그룹이 가장 만화를 재미없어했고, 펜을 이로 물어 미소 짓는 표정으로 책을 읽은 학생 그룹이 가장 만화를 재미있어했다. 즉 억지로라도 웃음을 잃지 않은 사람이 훨씬 즐거움을 느낀다는 것이다. 신기하게도 일은 웃으면서 할수록 재미있게 할 수 있다는 뜻이다.

리버풀대학 마크 메후Marc Mehu 팀은 인위적 미소가 아닌 진정한 미소가 상대에게 깊은 신뢰를 준다고 밝혔다. 그리고 이는 이타적, 사교적, 관용적이라는 긍정적 평가로 이어진다고 했다.

결과적으로 인위적으로 만들어낸 웃음이든 진정한 웃음이든 긍정적인 효과는 존재한다는 것이다. 물론 마음으로부터 우러나는 진정한 웃음에는 훨씬 큰 효과가 있다.

그 밖에도 늘 미소 지으면 기분도 좋아지는 것과 관련된 연구로 미시간대학교 앤아버의 바바라 프레드릭슨Barbara Fredrickson은 긍정적인 기분을 유지하면 시야가 확장되고 떠오르는 행동의 선택지가 늘어난다는 것을 밝혀냈다.

이런 효과는 모두 일의 능률을 올려준다. 기껏해야 웃음일 뿐이지만 웃음이 최고다. 표정 하나로 사람을 바꿀 수 있다는 게 신기할 따름이다. 입꼬리를 올리고 웃으며 일하는 신선한 비즈니스 루틴이 기업 문화에도 뿌리내리기를 바란다.

대화의 법칙 09

시비에 걸려도
맞서 싸워야 만만하게 보지 않는다?

내 감정을
객관적으로 바라보며
무시하자!

미시간주립대학교
제이슨 모저

일하다 보면 별의별 일이 다 생긴다. 만약 누군가가 일부러 시비를 걸거나 나를 상대로 화풀이하는 것처럼 느껴질 때, 나는 맞서 싸울 것인가? 아무래도 그래야 다음에 또 그런 일이 생기지 않을 것이 아닌가? 이때 현명한 대처법은 무엇일까?

감정과 뇌의 관계

상대나 상황에 따라 다르기에 절대적으로 옳은 방법은 없으나, 가능한 한 감정적으로 대하지 않도록 하자. 특히 상대의 감정이 격앙되어 문제 해결보다 단순히 싸움을 거는 게 목적이라면 감정싸움으로 번지지 않게 주의하자.

우선 감정과 뇌의 관계를 알 필요가 있다. 고등생물의 뇌는 크게 3단계로 진화했다. 1단계는 생명활동을 조절하는 역할을 하는 파충류의 뇌, 2단계는 감정 기능을 가진 포유류의 뇌, 3단계는 인지 기능을 가진 인간의 뇌이다.

감정은 뇌의 대뇌변연계에 있는 편도체라는 부위에서 관장한다. 편도체는 공포나 불안, 기쁨이나 슬픔의 원천이라고도 할 수 있는 곳이며 말하자면 감정의 엔진이다.

한편 끓어오르는 감정을 억제하고 통제하는 곳은 대뇌 신피질에 있는 전두엽이다. 전두엽은 이성적·논리적인 생각을 관장하는 부위다. 대뇌 신피질은 인간이 인간답게 삶을 영위하기 위해 발달시킨 뇌로, 편도체라는 엔진이 만들어낸 감정이라는 에너지를 제어하기에 일명 감정의 브레이크라 할 수 있다.

실제로 욱하는 감정이 순간적으로 솟구칠 때 전두엽을 자극하면 가라앉는다. 이 전두엽이 활발히 움직이도록 하기 위해서는 논리적으로 생각하는 습관이 도움을 준다.

미시간주립대학교 제이슨 모저Jason Moser 연구팀의 연구를 살펴보자. 이 실험에서는 참가자들에게 미리 혐오스러운 사진을 보여주고 부정적인 마음이 들게 했다. 그런 다음 한쪽 그룹에는 '지금 나는 어떤 감정이 드는가?'와 같이 1인칭 시점으로 자문자답하게 했고, 다른 한쪽 그룹에는 '지금 그는 어떤 감정일까?'와 같이 3인칭 시점으로 자문자답하게 했다. 그리고 이때 뇌의 상태를 뇌파 전위 기록장치EEG나 기능적 자기공명영상법fMRI으로 측정했다. 그 결과 '그, 그녀'처럼 3인칭 시점으로 혼잣말했을 때 뇌는 감정 조절 부위의 활동이 급격하게 떨어져 부정적 감정을 제어할 수 있었다. 거짓말처럼 시점만 바꾸어 3인칭 시점으로 봤을 때, 분석적이고 객관적으로 사고함으로써 감정을 조절할 수 있었던 것이다.

오래 알고 지낸 친구라면 오히려 격렬하게 감정을 토해내 후련함을 느끼고 서로의 가슴에 남았던 앙금을 지울 수 있을지도 모른다. 그러나 업무상 교류해야 할 상대라면 감정적으로 대처해보았자 득이 되지 않는다. 그러니 냉정하게 객관적 상황 분석에 초점을 맞추며 감정을 억제하자.

상대가 "이 자료 오늘까지라고 하지 않았어요?"라며 화를 낸다면 그런 말을 했는지 안 했는지 따지기보다 그 자료가 준비되지 못한 원인이 무엇인지 분석해 보는 것이다. 이 대사만 보면 잘못이 본인에게 더 많은 것 같긴 하지만, 어쨌거나 감정에 치우치지 않고 준비되지 않았다는 결과에만 집중하면 '이건 전적으로 내 잘못이구나'라고 반성할 상황도 종종 생긴다. 자신이 게을러서였다면 솔직하게 사과해야 한다. 자료를 준비하라는 말을 들은 기억이 없더라도 결과적으로 상대가 곤란에 처했다면 그 역시 사과하는 게 나을 것이다.

인간에게는 반보성의 원리가 있다. 호의적으로 대하는 상대에게 호의적으로 대응하고 비호의적으로 대하는 상대에게는 역시 비호의적으로 되갚아주려는 것이다. 감정끼리 부딪치는 상황이 되어버리면 상황은 꼬이기만 할 뿐이므로 최대한 냉정함을 유지하는 게 좋다.

불협화음을 만들지 않는 의사소통 방법

분명 잘못이 상대에게 있는 것 같은데도 무작정 싸움을 걸어오는 사람도 있다. 이런 경우, 억울하고 분한 감정을 참을 수 없을지도 모른다. 하지만, 그럼에도 역시 감정적으로 대처하지 않는 게 최선이다. 앞에서도 말했듯 상대에게 잘못이 있는 경우에도 가능한 한 불화의 씨앗을 남기지 않아야 이후의 삶이 불안하지 않다.

사람은 자신에게 유리한 상황이 되면 의기양양해서 반론을 멈추지 않거나 오히려 상대에게 맹공격을 퍼붓게 된다. 그러나 상대가 잘못했을 때일수록 감정을 왜곡해서 분노를 사지 않도록 주의해야 한다.

더군다나 상대에게 부탁이나 요구하는 상황에서는 적극적 커뮤니케이션 Assertive Communication이 필요하다. 쉽게 말해 상대를 존중하면서도 자기주장을 분명히 밝히는 소통방식이다.

자기 권리를 획득하기 위해 목소리를 높이는 일은 매우 중요하지만, 무작정 권리만 요구한다면 다른 신념을 지닌 사람은 자신들의 권리가 위협받고 있다고 느끼고 두려움에 떨며 때로는 공격적으로 반응할 수도 있다. 만약 그런 상황이 생긴다면, 상대와 소통하기 위해 "당신의 권리를 침해하는 게 아닙니다"라면서 먼저 상대를 인정하고, "우리의 권리도 인정해 주십시오"라고 말함으로써 상대의 마음을 열고자 노력해보자.

미국에서는 적극적 커뮤니케이션에 관한 연구가 활발히 이루어진다. 대표적으로 행동치료의 두 거장 조셉 월피Joseph Wolpe와 아널드 라자루스Arnold Lazarus는 의사 표현에 자신 없는 사람이 자신의 마음을 옥죄이지 않고 상대를 존중하면서 솔직하게 자기표현을 하도록 돕는 자기주장훈련Assertion Training의 기초를 확립했다.

자기주장훈련의 기본은 상대를 칭찬하기다. 칭찬은 상대의 권리를 침해할 의도가 없다는 자세의 표명이다. 그런 다음에 하고 싶은 말을 전하는 것이다. 예를 들어, "그렇게 열정적으로 일하는 모습이 멋집니다. 볼 때마다 나도 본받아야겠다는 생각이 들어요. 그런데 이번 일의 처음을 확인하는 과정이 생략되어서 약간 조정이 어긋난 것 같아요" 같은 식으로 말한다면 싸움으로 발전하기 어려울 것이다.

음악 관련 영상 일을 하는 지인에게 들었는데, 일본의 유명한 가수이자 배우인 야자와 에이키치矢沢永吉는 이와 같은 커뮤니케이션의 달인이라고 한다. 아무리 탄탄한 실력을 갖춘 밴드라고 해도 그의 높은 기준치 때문에 리허설 도중 멤버들에게 연주 방식에 관해 요구하는 일도 있다고 한다. 그럴 때 야자와는 먼저 "그 부분은 최고"라면서 반드시 칭찬하고 시작한다. 그런 다음에 "이 부분은 좀 더 이런 식으로 하고 싶습니다" 하고 의논한다는 것이다.

평소에 이와 같은 커뮤니케이션이 가능하다면 자연스레 감정을 드러내는 일도 줄어들 것이다. 아무리 상대가 쌈닭처럼 달려들어도 야자와 씨처럼 '일단 칭찬하기'를 실천할 수 있으면 좋겠다.

대화의 법칙 10

윗사람에게는
반드시 존댓말을 써야 한다?

반말은
윗사람을
말랑하게 만든다!

메이지대학교
홋타 슈고

존댓말은 윗사람을 향한 존중의 표현이다. 하지만 때로는 윗사람에게 건네는 반말이 효과적일 때도 있다. 한번은 회사를 운영하는 대표로부터 이런 한탄 섞인 말을 들었다.

"직원들이 좀 더 거부감없이 대해주면 좋겠어."

직원 입장에서 아무리 편하게 대하려 해도 대표는 대표다. 대표들은 직원들에게 "좀 더 거침없이 의견을 피력해봐"라고 말한다지만, 솔직히 아랫사람으로서 쉬운 일은 아니다.

대표 입장에서는 평소에 자신과 다른 눈높이에서 얻을 수 있는 의견을 기대한다. 게다가 젊은 사원은 자신에게 없는 지식이나 가치관을 품은 귀중한 표본이다. 하지만 나이 차가 많이 나는 사원일수록 회사 사장을 어려워하는 것도 사실이다. 그러니 사장이나 상사와의 자리가 생길 때, 의외로 솔직하게 마음을 털어놓는다면 단숨에 관계를 좁힐 기회가 생길지도 모른다.

말을 통해 마음의 경계를 넘나든다

여기서 포인트가 되는 것은 마음의 거리다. 말투에는 상대와 마음의 거리를 좁히기도, 반대로 멀리하기도 하는 조절 작용이 있다.

가장 적절한 예가 존댓말과 반말 섞어 쓰기다. 관계가 돈독한 친구나 연인이라면 평소에 반말로 이야기하다가도 정작 싸울 때는 "말했거든요!" "그런 적 없거든요!" 하는 식으로 갑자기 존댓말을 쓸 때가 있다.

사람은 누구나 마음에 울타리가 있다. 친구나 가족처럼 친한 사람은 자신의 울타리 안쪽에 있는 사람으로 인정하고 꾸밈없는 반말을 쓴다. 반면에 아직 심리적 거리가 있는 사람, 즉 울타리의 바깥쪽에 있는 사람에게는 형식적인 존댓말을 사용한다. 친구나 연인처럼 평소에는 자기 울타리 안에 있는 사람이라도 싸웠을 때는 마음의 거리도 멀어져 울타리 밖의 사람이 되므로 거리를 두고자 존댓말을 쓰는 것이다.

일본에서는 무턱대고 상대의 울타리를 넘어가면 실례다. 일정한 거리를 두고 접하는 것이 미덕이므로 기본적으로 손윗사람에게는 존댓말을 써서 일정 거리를 유지하는 것이 예절이다. 집단주의인 일본에서는 '여럿이 함께 하자'라는 의식이 아래에

깔려있어 오히려 상대를 '외부인'으로 다루면 특별대우를 하는 것이므로 거리를 두는 존댓말이 정중하고 배려 섞인 어법이 되는 것이다.

그런데 미국은 어떨까? 식당에 들어가면 직원이 첫마디부터 "Hi, How are you(안녕, 잘 지내)?" 하고 친구 대하듯 가볍게 말을 건다. 첫만남부터 상대의 울타리 안으로 불쑥 들어가 관계를 좁히며 소통한다. 그렇다고 미국인에게 배려가 없는 게 아니다. 미국은 인종이나 종교 등 어느 나라와 비교해도 훨씬 다양한 신념을 가진 사람들이 공생하는 사회다. 다시 말해, 각양각색의 울타리가 있고 서로 울타리 외부에 있는 것이 당연하다. 그렇기에 '당신과 친해지고 싶다'라는 의미를 전하기 위해 상대의 울타리 안으로 들어가는 것이 호의적 의사 표현이자 상대를 배려하는 자세인 것이다.

중요한 것은 문화나 상황이 표준적이지 않은 말을 사용하면서도 상대의 심리적 울타리를 넘나들 수 있다는 것이다.

・・・

부장님과의 점심 식사 자리에서 "짱 맛있다!"

윗사람과의 커뮤니케이션도 마찬가지다. 평소에는 존댓말을 쓰다가도 결정적일 때 반말을 써보자. 결정적일 때란 좋은 감정으로 분위기가 무르익었을 때다. 자기 감정이 최고조에 이르렀을 때 자기 감정을 어필하기 위해 쓰는 것이다. 이른바 '감정의 반말'이다.

가령, "부장님, 오늘 얼굴색이 별론데?"는 실례지만, 부장님과의 점심 식사에서 "와, 짱이다!" 하고 소리 내어 중얼거리는 것은 가능하다.

감정의 반말이 어째서 효과적일까? 반말은 기본적으로 내부인의 말이자 내면의 꾸밈없는 표현이므로 상대는 본심을 말한다고 느끼기 때문이다.

앞에서 말했듯이 회사 대표가 거침없이 의견을 내라고 했을 때, 정말 거침없게 의견을 낼 수는 없다. 특히나 일에 관련한 이야기라면 더 위험하다. 그릇이 넓은 대표라면 직원의 솔직한 마음까지 허용 범위 안에 두겠지만, 일반적으로 그때는 존댓말이 낫다. 그리고 감동한 일에 대해서는 "대박이다!" 하고 순수하게 감동하면 된다. 이처럼 살짝 경계를 밟는 정도로만 사용하자.

무엇이든 철저히 기본에 충실히 배운 후 틀을 무너트리는 것은 멋이 된다. 언어도 마찬가지다. 기계적으로 고지식하게 존댓말만 쓰는 것보다 적재적소에 반말을 써서 경계를 조금 허무는 데서 맛, 즉 인간미가 나온다.

상대의 성격에 따라서도 다르겠지만, 감정의 반말이라면 윗사람에게 효과적으로 작용하는 경우가 상당히 많다.

학회 일정으로 방문한 해외에서 유명한 교향악단의 콘서트가 타이밍 좋게 개최된다는 것을 알게 되었다. 학회 참가자들과 함께 가게 되어 동석한 젊은 연구원에게도 같이 가자고 했더니, 그때까지 줄곧 과하게 예의를 차린다 싶을 정도의 사람이 "와, 진짜 가고 싶다!" 하고 바로 반말로 대답한 적이 있다. 그걸 듣고 나는 '이게 바로 감정의 반말이구나' 하고 깨달았다. 정말 가고 싶어 하는 것 같아 뿌듯했다.

또 "부장님, 정말 패션 센스가 좋으시네요. 넥타이도 너무 멋지고"라는 말을 했다고 하자. 끝에는 자신의 감정을 반말로 표현했지만, 이 반말을 듣고 기분 상하는 사람은 별로 없지 않을까.

윗사람을 상대할 때는 감정의 반말도 가능함을 의식하면서 결정적일 때 꼭꼭 숨겨두었던 비법처럼 활용하자. 상대의 마음을 사로잡을지도 모르니까 말이다.

3장

세상에
100%란 없다

나은 관계를 만드는 말투

대화의 법칙 11

외모만 봐도 다 알아요?

어떻게 외모만으로 사람을 판단하랴!

노스이스턴대학교
다나 카니

일본의 베스트셀러였던 《사람은 분위기가 90%》라는 책처럼, 사람들은 흔하게 상대의 겉모습을 보고 사람을 평가하곤 한다.

사람을 판단하는 기준에 외모 또한 포함된다. 고베쇼인여자대학교神戸松蔭女子学院大学校 사카이 노부유키坂井信之의 연구에서는, 사람이나 장소 등에 따라 다르긴 해도 복장의 차이가 그 사람의 인상이나 성격을 예측하는 데 영향을 준다고 했다. 물론 첫인상에서 얻는 정보는 매우 중요하고 또 그 정보를 바탕으로 상대를 어떻게 대할지 고려하는 것도 기본적으로는 효과적인 방법이다.

유능한 사업가는 대부분 복장에 신경을 쓴다. 겉모습으로 좌우되는 요소가 크기 때문이다. 세계의 어느 곳에서는 비즈니스 미팅에 맞춤 양복이 아니라 기성복 정장 차림으로 나타나는 것만으로도 무시당하는 경우가 있다고 한다. 그렇듯 누군가를 외모로 판단하는 사람이 많은 상황 속에서 '뭐, 적당히 입어도 괜찮겠지'라고 안일하게 생각하는 것은 위험하다. 한 번 안 좋은 인상은 만회하기 어렵기 때문에 처음부터 주의하는 게 좋다.

신입사원 면접장에서 면접자가 모두 똑같은 복장을 하는 이유도 한정된 시간 안에 합격자를 결정해야 하는 상황의 특수성 때문이다. 섣부른 결정을 배제하기 위해서는 효과적인 전략이라고 할 수 있다.

외모로 판단하는 것은 나를 지키기 위해서였다

사람을 판단하는 기준 중에 '외모'가 큰 부분을 차지한다는 사실은 과학적으로도 설명할 수 있다.

인간의 심리 구조는 석기시대 이후 줄곧 바뀌지 않았다는 가정하에 인간 심리를 연구하는 진화심리학에서는 첫인상으로 대상을 판단하는 게 당연하다.

까마득히 먼 옛날 인간의 생활을 상상해보자. 인간은 태어나면서부터 자신에게 치명적인 위해를 가하는 대형 육식동물이나 다른 막강한 부족의 습격을 언제 당할지 예측하기 어려운 시대에 놓여졌다. 눈에 보이는 모든 것은 메시지였고 조심하고 긴장하며 주변을 관찰하고 매 순간 자신에게 유리한 상대인지, 또 상황인지 결단해야 했다. 그렇기에 상대를 외모로 판단하는 것은 인간의 신변 보호를 위해 중요한 방어시스템이었다.

결국 인간이 타인을 겉모습으로 판단하는 것은 본능이라는 얘기다. 말투나 향기, 겉모습은 깊이 신뢰할 수 있는 판단기준이다. 물론 자신을 물어 죽일 수도 있는 호랑이를 만져볼 여유는 없겠지만 말이다.

심사숙고할수록 정확도는 올라간다

이때 주의해야 할 점은 바로 외모에 기준을 둔 판단이 정확하다고 믿는 것이다.

아무래도 보이는 첫 모습이기에 외모를 가지고 사람을 판단하지 않을 수는 없다. 단지 겉모습에서 받은 인상과 상대의 진정한 내면이 딱 맞아떨어지지는 않는다는 것을 잊지 마라.

롱아일랜드대학교 먼로 레프코위츠Monroe Lefkowitz 연구팀이 진행한 연구는 매우 놀랍다. 어떤 사람이 넥타이에 슈트 차림으로 신호를 무시한 채 횡단보도를 건너기 시작하니 주위에서 신호를 기다리던 사람들도 덩달아 건너려고 했지만, 같은 사람이 작업복 차림으로 건넜을 때는 주변에서 반응하지 않았다고 한다.

노스이스턴대학교 다나 카니Dana Carney의 실험에 따르면 상대의 성격을 판단하는 정확도는 접촉하는 시간에 비례한다. 실제로도 첫인상에 영향을 미치는 요인은 외모, 행동, 표정, 말투 등

한두 가지가 아니다. 게다가 판단하는 사람의 나이, 직업, 성별, 성격 등의 속성까지다. 또 접촉하는 공간이나 이야기 주제, 물리적 거리 등에도 좌우된다고 말한다.

사람을 파악하는 데 정확도를 높이려면 무엇보다도 충분히 시간을 들여서 상대를 판단하는 게 중요하다. 자기 자신뿐 아니라 상대방, 상황 등 여러 요인을 검토할 필요가 있는 것이다.

인간은 뇌에 들어오는 다른 정보에 현혹되기 쉽다

뇌에 들어오는 많은 정보는 인간에게 지대한 영향을 미친다. 원래 인간은 자극에 영향받기 쉬운 생물이다.

콜로라도대학교 로렌스 윌리엄스Lawrence Williams와 예일대학교 존 바흐John Bargh가 진행한 실험에서는 참가자 41명을 두 그룹으로 나누어 각각 따뜻한 커피와 차가운 커피를 들게 한 후 질문지에 적힌 인물을 평가하도록 했다. 그 결과, 놀랍게도 따뜻한 커피를 들고 있던 사람은 대부분 그 인물에 대해 '상냥하다' '사려 깊다' 등 따뜻하고 호의적인 평가를 하는 경향이 있었다.

어쩌면 말 한마디로도 사람에 대한 인상이 바뀔 수도 있다. 스와스모어대학교의 솔로몬 애쉬Solomon Asch가 진행한 실험에

서는 참가자에게 다음 두 종류의 단어 목록을 주고 그 사람의
인상을 평가하도록 했다.

① 지적인, 솜씨가 좋은, 근면한, 따뜻한,
   결단력 있는, 현실적인, 주의 깊은
② 지적인, 솜씨가 좋은, 근면한, 차가운,
   결단력 있는, 현실적인, 주의 깊은

두 목록에는 따뜻함과 차가움의 차이만 있고 나머지 단어들은 똑같이 긍정적인 단어뿐이다. 그런데 첫 번째 목록을 건네받은 사람은 긍정적인 평가를 많이 했고, 두 번째 목록을 건네받은 사람은 부정적인 평가를 많이 했다.

이런 단순한 신체감각이나 언어에도 이끌려버리는 인간인데, 시각 정보만으로 정확한 판단을 내리는 데에는 무리가 있을 것이다.

그 밖에도 편견이나 고정관념, 선입견을 포괄하는 인지 바이어스 중 하나로 '후광효과'가 있다. 특정 대상을 평가할 때 무언가 강력한 정보가 있으면 그 정보에 대한 평가가 다른 정보에 대한 평가에 영향을 미치는 현상을 의미한다. 만약 'A 씨는 명문대 출신이다'라는 말을 들으면 A 씨의 모든 면이 훌륭해 보이는 현상이다. 마찬가지로 외모가 마음에 들면 내면도 좋은 사람

일 것이라고 여기거나 외모가 마음에 들지 않는다는 이유만으로 성격까지 나쁜 사람이라고 믿는 것이다. 더군다나 '외모가 OO한 사람은 XX하다'라는 말을 실제로 경험했다면 그 판단은 더욱 확고해진다. 그래서 이런 패턴에 들어맞지 않는 사람을 만나면 겉모습만 보고 정확하게 평가하기 어려워진다.

지나치게 외모로만 판단하다가는 기회를 놓친다

사람을 판단할 때 겉모습이나 첫인상의 비중을 낮추면 인생이 즐거워진다. 사람을 외모로 판단하는 사람은 많지만 아이러니하게도 그 신뢰성에 스스로 의구심을 갖는 사람은 적다. 나 또한 젊은 시절에는 외모에 한껏 멋을 부렸다. 특히 26세부터 교편을 잡았던 터라 학생이나 동료에게 무시당하지 않으려고 줄곧 정장 차림으로 다녔다. 그러다가 이런저런 경험을 쌓고 40대로 접어들자 점점 외모는 아무래도 상관없어졌다. 정확히 40세에 현재 직장인 메이지대학교에 부임했는데, 그때부터는 완전히 캐주얼한 차림으로 수업을 진행했다. 하지만 지금도 외모에 아예 신경 쓰지 않는다고 할 수는 없는 데다, 20대에 외모를 가꾸면서 성장한 경험이 있기에 겉모습을 아예 신경 쓰지 말라고는 말하지 못하겠다.

단지 결코 외모가 전부는 아니다. 지나치게 외모를 기준으로 판단하는 데 신경 쓰면 삶에서 놓쳐버리는 기회가 의외로 많다.

단지, 적어도 청결에 관해서 만큼은 절대적으로 관리하자. 깔끔해 보이는 외모는 나이를 불문하고 타인에게 매우 좋은 영향을 미친다. 불결하다는 인상을 주면 후광효과로 인해 다른 부분까지 나쁘게 평가받기 때문이다. 그런 후에 타인을 평가할 때 외모나 첫인상에 집착하지 않는 게 순서인 듯하다.

대화의 법칙 12

커뮤니케이션 고수는 말을 잘한다?

말솜씨보다 '이것'의 고수가 되어라!

메라비언, 애플바움, 버드위스텔 등

앞에서 말한 《사람은 분위기가 90%》과, 비슷한 다른 책으로 《사람은 말투가 90%》라는 일본의 베스트셀러가 있다. 이 책들에는 공통점이 있다. 얼핏 보면 말 잘하는 법을 알려주는 책 같지만 말을 잘하기보다 잘 듣는 법의 중요성을 강력하게 어필한다는 것이다. 말 잘하는 사람은 물론 단어 선택 등 놀라운 재주가 있기는 하지만, 그보다 말과 말 사이의 간격이나 발성 등 어떻게 이야기하는가를 훨씬 중요하게 여긴다.

인상을 결정하는 비언어적 정보를 아는가?

사람이 상대의 인상을 결정짓는 요소는 언어 외의 정보(시각이나 청각)라고 많은 이들이 입을 모아 말했다. 애플바움이나 버드위스텔은 65%, 메라비언은 90%까지라고 말이다. 정확히 누구의 말이 맞다고는 할 수 없지만 언어가 아닌 다른 부분이 인상의 대부분을 차지한다고 생각할 수는 있을 것이다.

커뮤니케이션에서 특히 중요한 것은, 말의 내용이나 의미보다도 준언어準言語, Paralanguage다. 비언어 정보에 속하는 준언어란 억양, 강세, 소리의 높고 낮음, 침묵, 말하는 속도 등 음성적인 요소를 의미한다. 속삭이는 소리는 비밀스럽게 들리고 고함치는 소리는 화난 것으로 이해하는 것처럼 말이다.

여러분도 평소에 이런 청각 정보를 토대로 판단하는 일이 종종 있지 않은가? 그렇다고 해서 표정이나 몸짓 등 시각 정보도 무시할 게 아니다.

· · ·

표정, 몸짓, 목소리 톤 등에 집중하자

사실 젊은 세대는 본인도 모르게 대부분 언어 정보 외적인 요소의 중요성을 이해하고 있다. 흔히 메신저 앱에서 다양한 특수문자 이모티콘, 이모지(그림문자), 스티커 기능 등을 많이 쓰면서 단순히 글자의 나열만으로는 부족한 의사소통을 무의식중에 보완하고자 하기 때문이다.

이메일이 일상적으로 쓰이게 되었을 1990년 즈음, 나 같은 언어학자들은 '이렇게 편리할 수가!' 하고 감탄하면서 이 새로운 과학기술을 환영했다. 하지만 동시에 문자만으로는 많은 것들이 생략된 채 전달된다는 사실도 동시에 깨달았다. 이모티콘이나 이모지가 발달한 것도 그런 불편을 해소하기 위해서였다.

1980년대에 외국에서 이모티콘이 등장하고, 이후 일본에서 특수문자 이모티콘이 탄생했다고 한다. 이어 1998년에는 사무적인 이메일 소통에 온기를 불어넣고자 이모지까지 개발되었다. 이모지를 개발한 구리타 시게타카栗田穣崇는 웹 매거진 〈앳 리빙@Living〉에서 다음과 같이 말했다.

여러분은 뜬금없이 '뭐해?'라는 메시지를 받으면 어떤 느낌이 드나요? 무미건조하게 글자만 담긴 메시지를 읽으면 상대가 어떤 감정으로 보냈는지 예측하기 어렵지 않습니까? '혹시 화났나?' '뭐라고 답장해야 하지?'라는 생각에 당혹스럽지 않나요? 그런데 '뭐해?^^'라면 어떨까요? 같은 내용이라도 웃음 표시만 붙었는데 단숨에 밝은 느낌을 얻고 당혹스러움도 사라지겠지요. 저는 일개 삐삐 사용자로서 텍스트 메시지의 어려움과 웃는 얼굴 스티커의 위대함을 통감했습니다. 상대의 감정의 온도를 전하기 위해 이모지를 충분히 활용할 수 있다면 훨씬 의사소통이 자연스러울 것 같았어요.

여러분도 글자만 읽으면 화가 난 것처럼 보이는 문장에 이모티콘이나 이모지, 웃는 얼굴 스티커 등을 덧붙인 경험이 있을 것이다. '뭐해?^^'의 '뭐해?'라는 글자는 언어 정보, '^^'는 비언어 정보다. 이처럼 문자 외의 정보를 이리저리 궁리하고 비언어 정보까지 발신하는 것이다.

커뮤니케이션도 다르지 않다. 사람과 직접 대화할 때도 이모티콘을 사용하는 것 같은 자세로 상대를 대한다면 훨씬 나은 커뮤니케이션이 가능해질지도 모른다.

대화의 법칙 13

개성 있는 말투가
상대를 사로잡는다?

커뮤니케이션은
상호 행위!

폴 그라이스의
협동 원리

소통을 잘하는 사람은 어떤 특징이 있을까? 남들과는 다른 말투? 호감 있는 외모? 그것보다 더 확실한 특징이 있다. 바로 '커뮤니케이션은 상호 행위라는 인식'을 가졌다는 것이다.

 물론 사람의 말투도 중요하다. 그러나 그 능력을 얼마나 발휘할 수 있는가는 언제 누구와 어디에서 어떤 목적으로 무슨 이야기를 나누는가와 같은 환경에 크게 좌우되는 부분이다. 1대1의 대화 상황에서는 자신과 상대의 발언이나 태도가 늘 쌍방으로 작용한다는 특징이 있어 그에 어울리는 대응 방식도 그때그때 다르다.

 다소 극단적인 비유이지만, 태국어만 할 수 있는 태국인과 이야기하는 상황을 가정해보자. 이 경우 한국어만 유창하게 할 줄 아는 언어의 연금술사보다 낯을 가리지만 태국어를 술술 하는 사람이 훨씬 유연하게 소통할 가능성이 높다.

 물론 이 상황에서도 연금술사가 압도적인 스킬을 발휘하거나 듣는 사람이 탁월한 추리력을 발휘한다면 최소한의 단어나 몸짓으로도 어떻게든 더 나은 소통이 이루어질 수도 있다. 하지만 결과적으로는 일방적이고 공격적인 화술만으로는 커뮤니케이션의 달인이 될 수 없는 것이다.

말 잘하는 사람은 잘 듣는 사람이라는 말이 있다. 정말로 커뮤니케이션 능력이 뛰어난 사람은 공격과 수비가 고차원적으로 균형을 이룬다. 또한 상대에 맞추어 자유자재로 대응하는 방어 능력도 뛰어나다. 말주변이 없어서 커뮤니케이션 기술이 떨어진다고 자책하는 사람도 많을 테지만 사실 커뮤니케이션 기술은 수비보다는 공격력 부족이다.

말주변 부족을 곧 커뮤니케이션 부족이라고 단정할 수는 없다. 상대 이야기를 잘 들어주거나 상대가 기분 좋게 이야기할 수 있도록 방어하는 요령을 습득하면 충분히 커뮤니케이션의 고수가 될 수 있다.

꼭 알아야 할 네 가지 규칙

언어를 통한 커뮤니케이션을 생각할 때 반드시 염두에 두어야 할 중요한 규칙이 있다. 바로 영국의 언어학자 폴 그라이스 Paul Grice가 주장한 '협동 원리'다.

폴 그라이스는 인간이 대화할 때 의식적이건 무의식적이건 다음과 같은 네 가지 규칙을 기본적으로 지킨다고 생각했다.

- 양의 규칙Maxim of Quantity : 정보는 너무 많지도, 너무 적지도 않은 적절한 양이어야 한다.
- 질의 규칙Maxim of Quality : 명백하게 거짓이라는 생각이 드는 내용은 말하지 않는다.
- 관련성의 규칙Maxim of Relevance : 주제에 맞는 이야기를 한다.
- 방법의 규칙Maxim of Manner : 애매하거나 이해하기 어려운 전달 방식을 피한다.

말하는 사람이라면 이 규칙들을 지키면서 말하고, 듣는 사람도 규칙이 지켜지고 있다는 전제하에 이야기를 듣는다는 것이 기본적인 사고다. 다시 말해 이 규칙이 고의로 무너진다면, 듣는 사람은 어색함을 느낀다.

예를 들어, 하나를 들었는데 열을 되돌려주는 듯한 상대의 화법(양의 규칙 위반)이나 비가 내리고 있는데 날씨 좋다고 하는 상대의 화법(질의 규칙 위반)이라면 어색함을 느낀다. 갑자기 화제를 바꾸거나 (관련성의 규칙 위반) 우물우물 알아듣기 힘든 말투를 쓰는 상대(방법의 규칙 위반)에게도 어색함을 느낄 것이다. 그러니 이런 규칙들을 제대로 지키기만 해도 소통이 원활해진다.

한편으로 이 규칙들을 일부러 깨트리는 경우가 있는데, 여기에는 이유가 반드시 있다. 그 이유를 언어 외적인 의미 또는 함

의라고 부른다. 이 규칙들이 무너지면 듣는 사람은 '왜 규칙을 어기지? 위반해야 하는 이유가 뭐지?' 하고 의구심을 품는다.

폴 그라이스의 협동 원리를 깨트리는 전형적인 예를 들어보겠다. 결혼기념일을 깜박 잊고 퇴근 후 동료와 술 마시러 가버린 남편이 자정이 다 되어 귀가했더니, 분노에 찬 아내는 "전부터 결혼기념일에는 집에서 축하하자고 했잖아"라고 말했다. 남편이 어떤 규칙도 위반하지 않는다면 "미안해, 깜박하고 C와 술 마시러 갔어"라고 솔직하게 사과했을 것이다. 그렇다면, 남편이 얼버무리는 몇 가지 경우를 가정해보자.

패턴① "C가 회사에서 엄청난 사고를 쳐버려서 내가 겨우 무마해 주었더니 고맙다면서 한턱내겠다잖아. 너무 간절하게 말하니까 도저히 거절할 수 없었어."
패턴② "스마트폰 날짜가 이상하네, 내일인 줄 알았어."
패턴③ "그, 그 와인, 전에 내가 좋아한다던 거네. 기억해 주었구나, 고마워!"
패턴④ "까먹은 건 아닌데……(웅얼웅얼 기어들어 가는 목소리)"

위의 ①~④는 모두 무언가의 규칙을 위반했다. ①은 양의 규칙을 위반했다. 아무도 상세한 내용을 묻지 않았는데 불필요한 설명을 늘어놓고 있다.

②는 질의 규칙을 위반했다. 기본적으로 스마트폰은 자동으로 시간을 조정하기 때문에 말도 안 되는 거짓말이라고 추측하게 된다.

③은 안면몰수식 얼버무림이다. 억지로 화제를 바꾸어서 관련성의 규칙을 대놓고 깨트렸다.

④는 알아차리기 쉬운 거짓말은 아니지만, 실수를 솔직하게 인정하지 않고 명확한 의사소통을 피하고 있다. 평소와 다른 말투라는 점에서 방법의 규칙을 어겼기에 수상한 느낌을 지울 수 없다.

그 밖에도 ①의 패턴에 등장하는 C의 에피소드가 거짓이고, 양의 규칙과 질의 규칙을 깨트리는 짜맞추기식 변명일 가능성도 있다. 말 초반에 "아니, 저, 그, 저기, C가……" 같은 수식어를 덧붙이면 방법의 규칙까지 위반하는 셈이다.

아내는 이런 답변을 들으면서 남편이 속이려고 하거나 은근슬쩍 넘기려 한다고 생각해 기분이 더 상할 것이다.

· · ·

상대가 규칙을 어길 때마다 무기가 생긴다

대화 중에 무언가 석연치 않은 느낌을 받는다면 협동 원리 중 어느 하나가 어긋나지는 않았는지 의심해보자. 그러면 석연치 않은 느낌의 원인이 보이고 대화를 유리하게 전개할 수 있을지도 모른다.

가장 흔히 발생하는 상황은, 상대가 거짓말을 하는 건 분명한데 그것을 지적하면 분위기가 어색해질 것 같을 때다. 그러나 은연중에 이상함을 감지하면서도 이유를 몰라 답답해하는 것과, 분명한 거짓말이라고 확신하면서도 내버려두는 건 엄연히 다르다. 이를 잘 활용하면 커뮤니케이션에 어려움을 느끼는 사람이라도 조금은 마음에 여유를 가질 수 있지 않을까?

폴 그라이스의 협동 원리를 꼭 기억해 두고 일상에서 나누는 대화를 이 원리에 맞추어 분석해 보기 바란다. 말주변이 없는 사람이라도 인간관계로 인한 갈등도 줄어들고 여러모로 도움이 될 것이다.

대화의 법칙 14

멍청하니까
사기를 당하겠지?

머리 좋은
사람일수록
쉽게 속는다!

옥스퍼드대학교
노아 칼 & 프란체스코 빌라리

옥스퍼드대학교의 노아 칼Noah Carl과 프란체스코 빌라리Francesco Billari가 진행한 연구에서는 똑똑한 사람일수록 타인을 믿기 쉽다는 결과가 나왔다. 사전에 이루어진 다양한 테스트에서 실험 참가자의 지능을 측정하고 추가로 수입이나 기혼·미혼 조건도 확인했는데, 조건의 높고 낮음이나 유무에 상관없이 머리가 좋은 사람은 사람을 신뢰하는 경향을 보였다.

뜻밖이라고 생각하는가? 하지만 사실이 그렇다. 부자이거나 유능한 인재는 사기를 잘 당한다. 근본적으로 부자니까 사기의 타깃이 될 확률이 높다는 시선도 있다.

그럼, 왜 사기를 당하는 걸까? 우선 인간에게는 자신에게 불리한 정보를 과소평가하는 정상화 편향Normalcy Bias이라는 심리기제가 있다. 화재 경보가 울렸을 때 '우리 집은 괜찮겠지'라는 생각에 경보를 무시한 적이 있는가? 정상화 편향 자체는 불안으로부터 자신을 보호하는 심리이기도 하므로 절대로 나쁘다고 단정지을 수 없다. 그러나 집에 불이 나면 제일 먼저 탈출해야 하는데도 탈출하지 못하는 상황이 생기는 것이다.

더군다나 이 상황이 능숙한 사기꾼 앞에서 일어난다면, 이 정상화 편향이 최악의 사태를 초래할지도 모른다. 유명 외식업체 '콜로와이드' 대표가 방심했다가 300억 원도 넘게 뜯기는 큰 함정에 걸려버렸듯 말이다.

내가 수많은 재판 기록을 분석하면서 느낀 점이 있다. 계획적으로 악행을 저지르는 전문 사기꾼을 상대할 때 스스로 방어할 수 있는 수단은 명석한 두뇌보다 경험치라는 점이다. 애석하게도 머리가 좋고 나쁜 것이 중요한 게 아니라 무법자처럼 폭력을 일삼는 삶에 익숙해진 사람이 더욱 속지 않는 사례가 많았다.

똑똑한 사람이 사기당하는 또 한 가지 이유는 똑똑함에서 오는 풍부한 상상력 때문이다. 이와 관련해 런던대학교의 당 스페르베르Dan Sperber와 디어드리 윌슨Deirdre Wilson은 '적합성 이론'을 밝혀냈다. 적합성 이론이란, 청자가 주어진 정보를 최대한 자신이 가진 지식이나 경험과 연결해 해석하고자 한다는 이론이다.

보이스피싱은 그런 인간의 이해 구조를 악용한 대표적인 악질 범죄다. 수화기 너머에서 "난데 말이야"라는 소리를 들은 피해자는 안 그래도 급박한 상황에 판단력이 흐려져 자신이 알고 있는 지식과 연결 지어 멋대로 사기꾼에게 유리하도록 해석해버린다. 지식이나 경험이 많은 사람일수록 더욱더 그 정보를 자기 지식이나 경험에 비추어서 생각한 결과다.

운이 좋은 사람을 따라 하면 덩달아 운이 좋아진다

이런 말들이 아예 사람을 믿지 말라는 것처럼 들릴지도 모른다. 그러나 아무리 능력이 좋은 사람도 사기에 휘말릴 수 있다는 사실을 명심하고, 사람을 믿더라도 나는 아닐 것이라는 정상화 편향에 지나치게 끌려가지 않도록 조심하는 게 중요하다는 뜻으로 이해하길 바란다.

큰 화제를 부른 도서《공정하다는 착각》의 저자 마이클 샌델이 주장했듯이, 인간의 능력은 환경에 의존하는 부분이 매우 크다. 열심히 공부해서 학력을 끌어올린 사람은 노력할 만한 환경에서 태어났을 확률이 높다. 별다른 노력 없이 남보다 공부를 잘하는 사람도 그런 두뇌를 갖고 태어난 운 좋은 환경 덕이다.

영국 하트퍼드셔대학교의 리처드 와이즈먼 Richard Wiseman은 스스로 운이 좋다고 믿는 사람과 스스로 운이 나쁘다고 생각하는 사람을 인터뷰했다. 그 결과 행운이란 단지 우연이 아니라 평소 행동이 가져다주는 것임을 알았다. 와이즈먼은 '행운학교 Luck School'라는 이름으로 운 좋은 사람들에게서 자주 발현되는 특징을 운 나쁜 사람들에게도 하게 했다. 그러자 많은 참가자가 운이 좋아졌음을 자각했고 건강이나 자신감 등을 포함한 긍정적인 변화를 실감했다고 한다.

사람을 믿어라! 행운이 올 것이다

행운이라는 것은 대부분 외부에서 찾아온다. 외향적인 사람이 행운을 만날 확률이 높은 건 지극히 단순하면서도 당연한 원리이며, 과학적 사실이라고 해도 좋다(참고로 '과학적 사실'이란 법칙성이 있고 다시 측정해도 같은 결과가 나오는 재현성이 있는 현상을 가리킨다). 앞에서도 언급했듯이 운이 좋은 사람은 외향적이고 유연하며 사람과의 만남을 좋아한다는 특징이 있다. 일반적으로 혼자 힘으로 붙잡은 기회를 행운이라고 하는 일은 드물다.

여기서 중요한 것은, 운이 나쁜 사람들이 행운학교를 통해 운이 좋은 사람의 행동을 따라 한 결과, 거의 모든 사람이 행운아 쪽에 설 수 있었다는 사실이다.

여기에 노아 칼 연구팀이 진행한 머리 좋은 사람 대부분이 사람을 믿기 쉽다는 연구를 연결시켜 본다면, 이 사실은 사람을 믿는 행위가 지능의 성숙으로 이어진다는 뜻이 아닐까?

인간은 혼자서는 아무것도 하지 못한다. 지금 우리가 당연하게 지키는 여러 사회적 규칙도 부모님이나 학교 선생님에게 배워서 습득한 것이다. 바꾸어 말하면 불가능했던 일을 해낼 때 우리는 반드시 누군가의 도움을 빌리게 된다.

남을 잘 믿는 사람은 힘든 상황에 직면했을 때 의지할 수 있는 사람도 많을 것이다. 그리고 도움을 빌려 그 힘든 장벽을 여러 번 넘었을 때 자기 능력 또한 단련된다.

행동은 환경에 의해 규정되는 부분이 매우 크다. 그러므로 와이즈먼의 행운 연구도 마이클 샌델의 주장을 뒷받침하는 자료 중 하나라고 할 수 있다.

부유하지 못한 집에서 태어난 자녀는 부유한 가정의 자녀가 일상에서 하는 행동 대부분을 따라 하기 버거울지도 모른다. 그러나 사람을 믿는 일은 비교적 환경의 영향을 받지 않고도 가능한 일이며, 그 행동이 자신의 지성을 갈고 닦아 운이 좋은 인간으로 바꾸어 줄 수도 있다.

인생의 험난하고 위험한 환경에 있는 사람이라면 사람을 의심하는 조심스러움이 오히려 도움이 될 수도 있다. 하지만 단순히 사기당하는 게 두렵다고 사람을 믿지 못한다면 인생을 살아갈 수 없다.

머리가 좋지 않은 사람일수록 쉽게 속는다고 생각하는 똑똑한 사람이여, 그건 오해이니 머리가 좋다고 안심하지 말기를. 하지만 머리가 좋건 나쁘건 '속더라도 사람을 믿는' 자세는 인생의 수많은 국면에서 행운을 불러올 것이다.

4장

좋은 말투는 좋은 사람을 만든다

'우리'를 지키는 말투

대화의 법칙 15

나 혼자 목소리를 내봤자
아무 일도 일어나지 않는다?

단 한 명의
내 편이
있었더라도!

스와스모어대학교
솔로몬 애쉬

여기에서는 괴롭힘에 관한 문제를 다루고자 한다. 민감한 주제이지만, 주변에 있는 사람을 상처 주지 않기 위해서라도 냉정하게 생각해야 할 문제다. 어쩌면 지금 이 책을 읽고 있는 당신 또한 괴롭힘을 당했던 기억이 있을 수도, 지금 당하고 있을 수도 있다.

같은 말과 행동이라도 상대에 따라 달라진다

계속해서 이야기하게 되지만, 커뮤니케이션은 상호 행위다. 말하는 사람의 의도와 듣는 사람의 해석이 함께 하는 상황에서 같은 말과 행동이라도 상대에 따라 괴롭힘인지 아닌지는 다를 수밖에 없다. 이 점을 꼭 기억해 두자.

안타깝지만 어떤 괴롭힘에든 대처할 수 있는 마법 주문은 없다. 상대가 정말로 악질적인 경우를 일단 제쳐두고(이 경우에는 반드시 폭력 방지위원회나 노동문제를 지원하는 단체, 법률가 등의 힘을 빌리자) 악의가 없을지도 모르지만 내게는 괴롭힘이라고 느껴질 수도 있다. 이 경우에는 괴롭힌 사람이 "왜 이렇게 예민해? OO 씨에게도 똑같이 했는데 괜찮다던데?"라고 진술하는 사례가 많다. 이런 사람은 커뮤니케이션의 규칙을 모르거나 무시하는 것이다.

인간은 과거의 성공체험에 의존하는 버릇이 있다. 그래서 무심코 다시 저질러 버리는 것이다. 이런 사람에게는 차분하게 "그건 폭력이에요" 하고 못을 박는 것도 나름대로 효과가 있을 것이다.

・・・

말 한마디로 천 냥 빚을 갚는 것처럼

모든 일이 자신의 의도나 예상과 정확하게 일치할 거라고 자만하지 말아라. 사람 사이의 의사소통이 어떻게든 성립하는 이유는 양쪽에서 서로가 노력하기 때문이다.

모든 말이 어떤 의도인지, 상대가 어떻게 받아들이길 원하는지 완벽하게 공유하기에는 무리가 있다. 하지만 "안녕하세요" 같은 말은 범위가 한정된 표현이므로 크게 벗어나지는 않으니, 인사를 나누는 일은 어렵지 않을 것이다.

반면에 괴롭힘으로 인식할 여지가 조금이라도 있는 말이나 행동은 어딘가에 난폭한 요소가 들어있을 수도 있는 일이라, 해석의 폭이 넓다. 그래서 말하는 이와 듣는 이가 나누는 발언의 취지를 이해하는 데 삐걱거림이 발생할 가능성은 당연히 있다.

엄한 질책이라도 격려의 의미로 받아들이는 일도, 19금 토크로 의기투합하는 일도 분명히 있기는 하다. 하지만 이런 상황에서 쓰는 언어는 제대로 상호 작용을 하려면 조심스러워야 한다. 또 외모나 성적인 이야기 등 통상적으로 민감한 주제일수록 불쾌한 이야기로 받아들이는 경우가 많아 주의가 필요하다. 그래서 혹여 이야기가 원만하게 이어지는 것 같아도 듣는 사람의 입장은 결코 그렇지 않을 수도 있다는 말이다. 그런 말과 행동을 "친해지고 싶어서 그랬어"라고 우겨대는 것은 억지다.

앞에서 말한 폴 그라이스의 협동 원리를 기억하는가? 친해지고 싶은 사람에게 누가 들어도 친해질 것 같지 않은 언어를 던지는 것은 질의 규칙 혹은 방법의 규칙을 위반하는 행위다. 심지어 동성일지라도 성적인 내용이 포함되어 있다면 상대쪽에서 성희롱이라고 생각하는 게 당연하다.

게다가 시대는 크게 변화하고 있다. 과거에는 응원의 뜻으로 받아들였던 말이 지금은 단순한 인신공격이 되는 건 당연하고 성적인 농담을 했다가 외면당하는 사람도 늘고 있다. 과거에 통용한 방식을 줄곧 고수하는 것은 문자 그대로 시대착오적 발상이다. 더군다나 악의를 품고 괴롭힘을 행사하는 사람이라면 변화하는 시대에 스스로 도태된 자임을 증명하는 꼴이다.

'캔슬 컬쳐Cancel Culture'는 취소 문화, 제거 문화 정도로 표현할 수 있다. 자신과 생각이 다른 사람을 비판하거나 지지를 철회하는 현상이라고 보면 된다. 보이콧이나 안티, 언팔로우 같은 이런 현상은 점점 심해지고 있는 게 현실이다. 예전이었다면 가벼운 비방 정도로 끝났을지도 모를 말실수 때문에 심지어는 직업까지 잃는 사람이 늘고 있다. 세상은 너무도 빠르게 변화한다. 과장이 아니라, 지금까지 쌓아 올린 모든 것을 잃는 사례도 많다. 만일 여러분이 누군가에게 나쁜 짓을 하고 싶다면 자신이 '제거'될 줄을 알면서도 하고 싶은지 생각해보면 좋을 것이다.

언행에 비해 잃는 것이 너무 크게 느껴지는 사례도 있으나, 이 '캔슬 컬쳐'가 확대되는 배경에는 정의감도 한몫한다. 인생을 걸면서까지 남을 괴롭히고 싶은 사람은 그리 많지 않으리라. 집회에 참여만 해도 붙잡혀가는 러시아에서, 많은 러시아 국민이 우크라이나 침공에 반대하는 시위를 했다는 소식이 뉴스를 타고 세상에 퍼졌다. 젊은 세대일수록 국가라는 틀에 얽매이지 않고 전 세계 고통받는 사람들과 연대하고자 하는 사람이 많다. 이 경향은 앞으로도 이어질 것으로 보인다.

회식 자리 '메뉴 통일'이 익숙해진 우리

　동조압력同調壓力이란 자기 의견이 있음에도 분위기상 집단의 의견에 동조하는 심리를 말한다. 모두가 찬성할 때 반대의견을 내고 싶더라도 분위기상 '좋은 게 좋은 거'라며 넘어가게 되는 상황이다.

　하지만 괴롭힘을 당하는 대상이 있다면 이 사안에는 무게가 실린다. 불편한 상황이 생겼을 때 '나 하나 참으면'이라는 생각으로 모두가 입을 다물어버리거나 나중에 책임을 추궁당할까 두렵다고, 여기에서 목소리를 높이는 건 옳은 일이 아닐지도 모른다고 생각해 버리기도 한다.

　물론 이런 불안은 당연하다. 자신이 젊은 사원이고 회사의 상사로부터 괴롭힘을 받는다면 반기를 들었다가는 더 힘들어질지도 모른다는 불안에 어찌할 바를 모르고 버티고만 있을 수도 있다. 이런 사람에게 "가만히 있으면 안 돼" 하고 조언하는 것도 너무 무례할 것 같다. 경솔한 판단으로 결론 낼 문제는 아니다.

　하지만 속으로는 가해자와 정면으로 부딪치고 싶은데 한 걸음 내놓을 용기가 부족해서 주저하는 사람도 있을지 모른다. 그럴 때 '한 사람의 지지'가 얼마나 위대한 힘을 발휘하는지 명심하자.

스와스모어대학교의 솔로몬 애쉬Solomon Asch가 진행한 동조실험Conformity Experiment이 있다.

애쉬는 실험 참가자 7명에게 한 줄의 선이 그려진 카드 A와 다른 길이의 선이 세 개 그려진 카드 B를 보여주었다. 이 실험의 숨은 포인트는 참가자 7명 중 한 명만이 실제 실험의 참가자이고 나머지는 실험을 통제하는 배우라는 점이다.

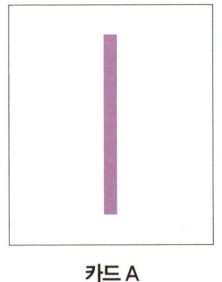

카드 A

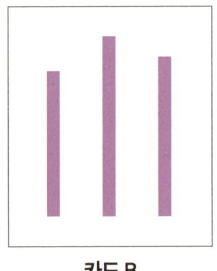

카드 B

7명의 참가자들에게 다음과 같은 조건으로 카드 A와 같은 길이의 선을 카드 B에서 선택하게 했다.

- 6명의 배우가 먼저 대답하고 실제 참가자가 7번째에 답변한다.
- 배우들은 총 12회 중 7회를 고의로 틀리게 대답한다.

사실 세 줄의 선은 길이가 확연히 다르다. 그래서 오히려 틀리기가 어려운 문제다. 그러나 실제 실험 참가자 중 37%는 틀린 답을 말했다. 심지어 이들은 6명의 배우가 똑같이 같은 오답을 낸 회차에서 가장 많이 틀렸다.

답이 명확하게 나와 있는 문제에서조차 이 같은 결과를 얻었으니, 단순하지 않은 괴롭힘에서 동조압력이 주는 압박감은 상상을 초월할 것이다.

이 실험이 시사하는 바는 그것만이 아니다. 애쉬는 동조압력으로부터 해방되기 위한 힌트도 제시했다. 모든 회차에서 정답을 선택하는 배우, 즉 실제 참가자와 같은 편을 한 명 투입해 실험했더니 다른 5명의 오답에 동조한 확률이 5.5%로 줄어 원래의 정답률에 크게 근접했다.

이 결과가 주는 교훈은, 단 한 사람이라도 같은 편이 있으면 정답, 즉 진짜 생각을 말할 수 있는 사람이 나올지도 모른다는 것이다.

만일 여러분이 틀린 줄 알면서도 오답을 말해버릴 것 같다면 애쉬의 실험을 떠올리자. 또 홀로 고통을 감내하고 있는 당사자라면 단 한 명이라도 자기편을 찾아보길 바란다. 그것만으로도 큰 힘을 얻을지도 모른다.

대화의 법칙 16

웃고 있으니
괜찮겠지?

마음과 표현이
꼭 일치하지는
않는다!

뒤스부르크-에센대학교
보리스 쉬퍼

괴롭힘은 어떤 이유로도 정당화될 수 없지만 가해자의 말에는 늘 변명이 따른다. 괴롭힘과 관련된 재판 사례를 보면 '웃고 있었다' '싫어하지 않았다' 등의 진술이 자주 눈에 띈다. 이 역시 본인의 입장에서만 생각하려는 매우 악랄한 패턴이다. 그런데 그들의 이런 오해에도 과학적인 이유가 있다.

앞서 후광효과나 정상화 편향에 관해 설명했는데, 우리에게는 그 밖에도 많은 편견, 즉 바이어스Bias가 존재한다. 그중 하나가 자신의 가치관이나 신념을 지지하고 보완하는 정보만 수집하고자 하는 '확증 편향'이다. 한 번 믿으면 그것이 정답이 되어버리는 것이다. 누가 봐도 음모론인 현상을 강하게 믿는 사람이 많은 것도 확증 편향이 크게 작용해서일 것이다. 오해나 착각이라기보다는 본인이 해석하고 싶은 대로 되어버리는 것이다. 유쾌한 내용은 아니지만, 성희롱을 저질러놓고 상대가 좋아했다고 주장하는 가해자의 이야기가 대부분 여기에 속한다.

저지른 쪽이 어떻게 생각했는지는 상관없다

 속마음과 겉의 표현이 늘 일치한다고 볼 수는 없다. 극단적으로 말하자면 적어도 괴롭힘에 관해서는 저지른 쪽이 어떻게 생각했는지 따위는 상관없다. 확증 편향도 작용했을 것이고 또 태도나 외모가 마음을 대변한다는 정의도 없다.

 무엇보다 '겉으로 웃으면서 속으로 운다'라는 말처럼, 괴로운 마음을 숨겨가며 견디면서 씩씩하게 대처했을 가능성도 있다. 원래 괴로운 표정과 기쁜 표정에는 큰 차이가 없다는 프린스턴대학교 힐렐 아비에제르Hillel Aviezer 연구팀의 연구 결과도 있다. 고통스러워하는 얼굴을 보고 기뻐한다고 해석할 가능성이 충분히 있다는 것이다.

 과거에는 인류의 감정 표출 방식이 사는 지역이나 민족의 구별 없이 똑같다고 인식했다. 그러나 문화인류학의 현장 연구가 확대되면서 파푸아뉴기니에서는 입을 헤벌쭉 벌린 모습이 놀란 게 아니라 화를 낸 것이었다는 사례가 발견되는 등 그 인식은 오해라고 판명되었다. 심지어 독일 뒤스부르크-에센대학교 보리스 쉬퍼Boris Schiffer 팀의 연구에서 남성 참가자와 여성 참가자가 서로 상대의 표정을 보고 그 감정을 읽도록 했더니 남성은 여성의 표정을 잘 읽지 못했다는 결과도 나왔다.

물론 여성이 가해자가 될 수도 있고(적은 비율이긴 하지만, 여성이 남성을, 여성이 여성을 성희롱하는 예도 있다), 이 연구가 모든 것을 결론짓는다고 할 수도 없다. 하지만 인간의 감각이 그렇게까지 신뢰할 만한 게 아니라는 점은 알 것이다. 게다가 같은 여성이라도 감정을 읽는 데는 개인차가 있고, 남성이 훨씬 더 예리한 부분이 있다는 연구도 있다.

거듭 말하지만, 커뮤니케이션의 결과는 상대와의 덧셈이 아니라 곱셈이다. 그러니 곱했을 때 결과가 0이 되는 요소를 배제해야 한다. 자신의 언행에 대해 상대가 어떻게 받아들였는지 판단하는 것은 자기 마음이지만, 그 판단기준은 일반적인 상황을 상당 부분 고려해서 정해야 할 것이다. 원하던 선물을 주었더니 상대가 감격하는 것 같다면 순수하게 받아들여도 좋다. 그러나 성희롱의 여지가 있는 상황에서 상대가 즐거워하는 것처럼 보였다면 이야기가 달라진다.

역으로 만일 지금 괴롭힘을 당하고 있고 거부 의사를 표시하는데도 그것이 전달되지 않는 것 같다면 상대가 이런 착오에 빠져있을지도 모른다. 인간의 편견은 매우 고집스러워서 분명하게 싫다고 해도 그조차 좋아한다고 받아들일 가능성이 있다. 이미 당신의 소통방식으로 어찌할 도리가 없다면, 매우 부담스러운 대처이지만 성폭력 방지위원회를 찾거나 법적 대응이 필요한 상황이라는 것을 명심하라.

대화의 법칙 17

어차피 인터넷의 익명 글이니까 괜찮다?

디지털
문자에도
지문이 남는다!

교토대학교
김명철

인터넷의 진보와 어깨를 나란히 하듯 사회관계망서비스SNS의 중요성은 점점 더 커지고 있다. 분명 SNS의 좋은 점도 있지만 문제가 되는 건 이를 악용하는 사람들이다. 일부 사람들은 얼굴이 보이지 않는다는 특징을 이용해, 평소에는 하지 못할 이야기도 너무 쉽게 해버리는 경향이 있다.

하지만 모든 말은 전부 인터넷 세상에 증거로 남는다. 어떤 상황에서 어떤 의도로 보냈건 그런 게시글이나 메시지를 보낸 이의 정체는 조사하면 다 나온다.

언어를 데이터로 분석할 수 있는 시대

필적이 지니는 개인적 특성은 상당히 독특하고 생각보다 정확하다. 한글 '가'를 연속해서 20회 쓰면 약간씩 달라 보여도 20개의 모든 '가'에 글씨를 쓴 사람의 공통된 습관이 나타난다고 한다.

그에 비해 디지털 문자는 필적을 조회할 수도 없으니, 특징이 나타나지 않는다고 생각할지도 모른다. 이와 관련해 교토대학교 김명철 교수의 유명한 연구가 있다. 놀랍게도 컴퓨터나 스마트폰으로 입력한 글자가 개인을 특정하기에 훨씬 쉽다는 것이다. 일반인이 알기에는 쉽지 않지만, 구두점을 찍거나 글자를 조합하는 방식에는 많은 습관이 배어있다. 휴대전화 하나에도 핸드폰, 휴대폰, 폰, 스마트폰 등 표현 방식이 각기 다르지 않은가? 이처럼 버릇으로 나타나기 쉬운 특징을 타인의 특징과 비교하면 확연한 차이가 있다. 디지털 문자 데이터가 많으면 많을수록 손글씨보다 정확하게 판정할 수 있는 시대가 된 것이다.

저널리스트 벤 블랏Ben Blatt은 저서 《나보코프가 가장 좋아하는 단어는 연보라 : 고전, 베스트셀러, 그리고 우리 자신의 글쓰기에 대해 숫자가 말하는 것Nabokov's Favorite Word is Mauve : What the numbers reveal about the Classics, Bestsellers, and our own Writing》에서 단어 사용 빈도로 나타나는 특징을 지문指紋이라고 표현했다. 리처드 바크만Richard Bachman의 이름으로 출간된 소설과 로버트 갤브레이스Robert Galbraith의 이름으로 출간된 소설을 분석했더니 각각 스티븐 킹과 조앤 K. 롤링의 지문과 가장 일치했다는 결과도 소개되어 있다. 놀랍게도 두 저자는 스티븐 킹과 조앤 K.롤링이 각각 필명으로 사용한 이름이다.

이런 분석기술은 셰익스피어의 작품으로 알려진 희곡의 진위를 가르는 데도 쓰였다. 과거에는 원본으로 알려졌던 작품이 기술이 진보한 현대에서는 위작이라고 결론 났으며, 이 작품을 따로 묶어 '셰익스피어 외전 Shakespeare Apocrypha'이라고 표현했을 정도다.

범인은 밝혀진다

내가 법언어학자로서 해석을 맡은 사안 중에, A에게 괴롭힘을 당한 B가 받은 이메일이 있었다. 그 문서는 C가 증거로 제출한 것으로, 사실 C의 컴퓨터나 스마트폰에는 이메일을 주고받은 이력이 없었고 보통의 문서 소프트웨어로 작성한 것이었다.

이를 수상하게 여겨 B가 과거에 보낸 이메일이나 사이트 게시물 등 온갖 글들을 분석했더니 고발 이메일은 B가 아니라 다른 사람이 쓴 글이라는 결과가 나왔다. 즉 누군가가 A를 깎아내리기 위해 허위의 글을 날조한 후, B가 피해를 당했다는 내용으로 제출했을 가능성이 높고 B는 아무 관계가 없다는 사실이었다(덧붙이자면, 과학에 절대적인 것은 없고 결론짓는 사람은 판사이므로 해석 결과가 100%라고 해도 분석 결과를 전할 때는 '본인이 작성했을 가능성은 무한히 낮다고 판단한다'라고 전한다. 또 이 사례는 세부 내용을 가린 형태로 서적 등에 인용해도 좋다고 재판 관계자가 인정한 사안이다).

　문장은 성별과 환경, 사회적 속성이 현저하게 드러나 위의 사건처럼 불일치 판정이나 작성자의 특징을 추출하는 프로파일링에도 크게 활용된다. 이런 긍정적인 쓰임으로 피해자가 손쉽게 소송을 제기할 수 있도록 사회 구조도 점점 개선되고 있는 점은 긍정적인 부분이다.

　마음먹고 범인을 찾고자 하면 인터넷 카페 등에 글을 올리기 위해 자기 컴퓨터나 스마트폰, 자택 와이파이 등을 사용하지 않았다고 해도 범인을 특정할 수 있다. 익명으로 글을 작성하면 들키지 않을 거라 안심하고 있다면, 다시 생각해야 한다. 이 글을 읽고 찔리는 게 있어 문장 쓰는 법을 바꾸려고 할지도 모르지만, 그 정도로는 분석 결과에 전혀 영향을 미치지 않는다는 것도 일러둔다.

대화의 법칙 18

가만히 있으면
'가마니'로 본다?

진정한 승자는 태도에서 드러난다!

홋카이도대학교
오자키 이치로

극악무도한 괴롭힘이라면 폭력방지위원회나 노동문제를 지원하는 단체, 또는 사법기관에 의지해야 하지만, 상대가 말이 통하는 사람이거나 정말로 본인에게 악의가 없는 것 같다면 어느 정도 대처할 길이 보일지도 모른다.

듣는 사람의 지혜가 빛나는 순간

홋카이도대학교의 오자키 이치로尾崎一郎 연구팀은 비방이나 괴롭힘에 대한 대책으로 '무효화'가 효과적이라고 했다.

이 무효화의 구체적 사례로 축구 선수 미우라 카즈요시의 대처가 유명하다. 사건은 '킹 카즈King Kaz'라 불리는 미우라 카즈요시 선수가 2015년 당시 48세의 나이로 J리그 최연장자로서 골을 터트린 때로 거슬러 오른다. TBS 정보 프로그램 〈선데이 모닝〉의 스포츠 코너를 통해 거침없는 의견을 피력하는 야구 평론가 하리모토 이사오가 "카즈 팬에게는 미안한 말이지만, 이제 물러나세요. 젊은 선수한테 자리를 양보해야죠. 선수가 이 정도 실력이면 집착할 필요 없잖아요" 하고 쓴소리를 냈다.

이 발언은 SNS 등에서 뭇매를 맞았고 여기저기에서 하리모토를 거세게 비난했으나, 정작 카즈 선수는 "좀 더 활약하라는 말이겠죠. 이 정도면 은퇴하지 않아도 된다고 할 때까지 더욱 분발하라는 뜻인 것 같습니다. 격려로 받아들이고 열심히 하겠습니다"라는 대응으로 끝냈다. 이에 질타를 받았던 하리모토가지도 그렇게 멋진 말을 하는 사람이 어디에 있겠냐고 하면서 감탄사를 날렸다고 한다.

반격은 상황을 악화시킬지도 모른다

미우라 카즈 선수의 예로 돌아가면, 하리모토 이사오의 '비난'이라는 언어 행위를 카즈 선수는 '격려'로 받아들이고 그 발언의 부정적인 효과를 무효화한 셈이다. 이 상황에서 대놓고 불쾌감을 표출하는 형태의 반격은 '공격'이다. 만약 서로 공격하는 자세라면 결말이 나지 않는다.

카즈 선수가 공격적으로 반론하지 않고 인정하고 호의적인 해석을 돌려줌으로써 하리모토는 물론, 대중도 '카즈 본인이 고맙다고 했으니' 하고 꼬리를 내리도록 하는 효과도 생겼다. 아마도 카즈 선수의 타고난 인간성과 비방에도 굴하지 않는 강인한 정신력이 있었기에 가능했을 것이다.

이 방식은 직장 등에서 자신보다 높은 사람에게 괴롭힘을 당한 사람이 참고할 만하다. 아무리 악의가 담기지 않았다고 해도 남에게 상처를 주는 사람이라면 어쩌면 정신적으로 불안정한 상태일 수도 있고, 어쩌면 피해자에 대해 무언가 오해를 하고 있을 수도 있다. 그나마 말이 통하는 사람이라는 가정 아래 그에게도 나름대로 괴롭힘이 될 난폭한 언행을 하기에 이른 배경이 있을 것이다.

그런 사람에게 대놓고 공격적으로 반격하면 상대를 자극하기만 하는 꼴이다. 게다가 훨씬 공격적인 언행으로 되돌아올 수 있기 때문에 사태가 악화할 가능성도 있다.

"그건 폭력입니다" 하고 지적하는 방법 또한 상대에 따라서는 더욱 큰 부메랑으로 돌아올 가능성도 있다. 기본적으로는 이야기를 들어줄 것 같은 사람이라도 완곡하게 말하는 정도가 좋다.

괴롭힘을 당한 당사자로서는 '내가 왜 조심해야 하는 거야'라며 부당함을 느낄지도 모르지만 이후에 발생할 거추장스러운 일을 최대한 막으려면 강력하게 응징하고 싶은 마음을 가라앉히고 생각해보자. 진정한 승자는 누구인지 말이다.

대화의 법칙 19

요즘 사람들은
회식을 싫어한다?

맛있는 회식에
참여할 자유를!

메이지대학교
훗타 슈고

확실히 회식 문화가 눈에 띄게 줄어들기는 했으나 회식의 중요성을 주장하는 사람은 꾸준히 있다. 나 역시도 술을 잘하는 편은 아니지만 회식에는 되도록이면 참석하기를 바라는 입장이다. 술을 마시지 못하는 사람에게 억지로 마시게 하거나, 회식 자리가 불편한 사람에게 퇴근 후 회식을 강요하는 괴롭힘이 아니라면 말이다.

최악의 경우에는 음주를 강요하다가 급성 알코올 중독에 의한 사망사고로 이어지는 경우도 있다. 술을 권하는 것을 가볍게 생각하는 경우가 많은데, 술은 억지로 마시면 정말 위험하다는 것을 알고 있다.

하지만 솔직히 말해서 나는, '술 마시는 자리에는 기어서라도 가라'를 좌우명으로 삼고 있다. 그만큼 술자리의 중요성을 알고 있다. 그래서 술이나 술자리를 좋아하는 지인 또한 많다. 동시에 대학 교수로 일하면서 윗사람의 강요로 거절하지 못하는 음주 피해에 노출된 젊은 학생들의 이야기를 들을 기회도 비교적 많은 편이다.

권하고 싶은 사람,
권해주길 바라는 사람도 있다는 사실

모 미디어로부터 요즈음의 술 문화에 대한 분석을 의뢰받고 설문조사를 진행했었다. 조사 결과를 보면, 대체로 젊은 세대의 절반은 '상사와 마시러 가고 싶지 않다'라고 생각하고 있으며, 동시에 상사도 절반은 '젊은 세대와 마시러 가고 싶지 않다'라고 생각하는 모양이었다. 후자의 데이터를 의외라고 생각하는 사람도 있을지 모르겠다. 그 이유를 조사해 보았더니 '젊은 세대나 이성에게 신경 쓰는 것이 귀찮아서'라는 의견이 30%를 차지했다. 직장 회식을 좋아하지 않고 '술 마시러 간다면 부담 없는 동료와 가고 싶다'라고 생각하는 사람은 나이를 불문하고 많은 것 같다. 그러나 이는 바꾸어 말하면, 절반은 마시러 가고 싶어 한다는 뜻이 아닐까?

윗사람은 "싫어할 것 같아서"라고 하고, 아랫사람도 "술을 사달라는 것 같아서 말을 꺼내기 어렵다"라고 한탄하는 소리를 이따금 듣는다. 술자리를 강요하는 사람 때문에 평범하게 마시고 싶은 사람들이 지나치게 조심스러워하다 보니, 마시고 싶은 사람끼리의 누이 좋고 매부 좋은 회식 자리도 줄어든 것이다.

또, 상사와의 술자리는 싫지만 필요하다고 생각하는 사람도 있을 것이다. 평소 회사에서 느끼던 불만사항도 편한 분위기의 술자리에서 더 인간적으로 비추어질 수도 있고, 상황에 따라 나은 방향으로 개선되는 데 큰 도움을 줄 수도 있다.

우리는 왜 회식을 하는가?

이런 부조화를 줄이려면 폴 그라이스의 협동 원리에 따라 회식을 새로 정의할 필요가 있다. 술을 마시지 못하는 사람을 억지로 권해서 마시게 하는 말도 안 되는 경우를 제외하고는, 술 자체나 동료와의 술자리에는 좋지만 사내 회식은 질색하는 사람도 적지 않다.

왜 그렇게 되는 걸까? 유독 직장에서의 회식 때만 발생하는 불쾌한 현상이 있다. 구체적으로 상사의 험담이나 타인에 대한 악담, 설교, 관심도 없는 무용담을 들어야 하거나, 마시지 못하는 사람에게 음주를 강요하는 상황을 마주하게 되는 것이다. 자신은 술이 세도 술이 약한 사람이 억지로 마셔야 하는 상황을 지켜보는 게 유쾌할 리 없다. 차라리 "이번에 '상사가 토해내는 푸념 및 설교 참기 모임'에 참석할 거예요?" 하고 물어야 하지 않을까? 사실 이런 자리에는 누구나 가고 싶지 않을 것이다.

또, 회식자리 또한 업무의 연장이라는 말이 있다. 식사 또는 술자리에서 업무 관련한 내용을 오랜 시간 늘어놓는 회식자리는 기피의 대상이 될 수밖에 없다. 우스갯소리로, 참여하는 직원 입장에서는 추가 수당이 나오는 것도 아닌데 더 일하러 갈 필요가 없는 것이다.

앞에서도 언급했던 설문조사에 의하면 술자리에 참여하고 싶지 않은 또 하나의 이유는 '직장 밖에서 일과 관련된 사람과 말하고 싶지 않다'라는 것인데, 역시 전체의 30%를 차지했다. 일과 개인사는 구분하고 싶거나, 일이 끝나면 개인적으로 시간을 쓰고 싶다는 뜻 같다.

폴 그라이스의 원리에 따른다면, 이 문제를 해결하기 위해서 우선 뚜렷한 목적을 제시해야 한다. 무엇보다 '무엇을 하고 싶은 회식인가'를 알리는 것이다.

먼저 맛있는 음식을 즐기자는 목적이 제일 만만할 것 같다. 사람들이 참여하고 싶게 호기심을 자극해서 '30종류의 수제 맥주가 있는 호프집을 발견했어요. 같이 가실 분!' '예약하기가 하늘의 별 따기인 고깃집 예약에 성공!' '미슐랭 가이드에 오른 가성비 최고의 명품 닭 요리 전문 식당에 특별 코스 드실 분?' '벚꽃이 잘 보이는 리버뷰 테라스석에서 브런치를 즐길 수 있어요!' 등 부가가치를 조금 붙이면 좋을 것이다. 이렇게 되면 단순한 술자리나 친목을 도모하기 위한 술자리는 꺼리는 사람이라도 기꺼이 참가할 가능성이 크다. 이 경우 목적이 상사와 마시러 간다거나 선배 이야기를 들어주어야 하는 것보다 화제가 된 식당, 자랑할 수 있는 곳에 가는 식이기 때문이다. 이때 앞에서 언급한 런천 테크닉도 작용한다. 흥미로운 목적을 가진 자리라면, 웬만해서는 음식의 퀄리티나 분위기가 좋은 곳일테니 서로에 대한 감정도 좋아질 것이다. 그리고 다시 일자리로 돌아갔을 때 호감이 유지될 확률이 높다.

이렇게 조직 내에서 술자리의 목적을 명확하게 제시하는 문화가 당연해지면 어떨까? 오히려 원하는 회식 자리에만 참석할 수 있으니 회식이 불편한 사람은 처음부터 목적을 정해두고 선택할 수 있는 기회가 주어지게 된다.

나도 워낙 술에 약하기 때문에 순전히 술만 마시는 술자리가 매우 힘들다. 그런데 맛있는 음식을 먹을 수 있는 곳에는 가고 싶어지고 술도 여러 종류가 있는 곳이라면 마시지는 못해도 진귀한 술을 알게 되는 재미도 있다.

당신이 회사의 임원이라면 이런 방식을 시도해보자. 처음에는 수상하게 여긴 직원들의 반응이 미적지근할 수도 있다. 그에 굴하지 않고 시간을 쌓다 보면 회식 참가자가 '우리 회식은 얻어갈 것이 확실히 있는 데다 술을 마시지 못하는 사람도 즐길 수 있다'라는 입소문이 자연스레 퍼질 것이다.

행운은 남이 옮겨다 주는 것

　회식에서 얻을 수 있는 최상의 커뮤니케이션은 자리에 모인 사람들이 마지막까지 즐기다가 기분 좋게 해산해야 비로소 성립한다. 아무리 유명하고 비싼 음식점이더라도, 그것을 빌미로 거드름을 피우거나 술에 찌들어서 조잡한 언행을 일삼는다면 안 하느니만 못한 회식의 주동자가 되는 것이다. 게다가 음주 강요를 피하기 위한 자리에서 상사의 갑질이나 성희롱이 발생한다면 그 회식은 최악이 되어버린다.

　껄끄러운 상사와 고급 레스토랑에서 먹는 풀 코스요리보다 마음 맞는 동료와 싸구려 호프집에서 먹는 맥주 한 잔이 좋다고 해도 할 말이 없다. 보답이라도 하라는 듯 '내가 얼마나 좋은 식당에 데려가 주었는데' 하고 한마디라도 꺼내고 싶다면 애초에 권하지를 말자.

　참고로, 상사가 술기운에 조금 흐트러져도 그런 것쯤이야, 하고 가볍게 넘길 수 있는 사람도 있다. 그리고 윗사람과 이야기하는 것을 좋아하거나 술 또는 음식을 좋아하는 사람도 틀림없이 있을 것이다. 그런 사람은 될 수 있으면 상사에게 "술 한잔 사주세요" 하고 먼저 말을 꺼내 보자. 젊은 세대와 술 문화를 공유하고 싶어도 꼰대 소리를 듣지 않으려고 참고 있는 교양 있는 술 애호가가 꽤 있으니 말이다. 지금 같이 회식을 서로 두려워하는 시대에 자발적으로 품 안으로 뛰어 들어오는 젊은 사원은 극히 드물기에, 적극적으로 소통을 시도하는 것만으로 상사의 총애를 한 몸에 받을 가능성까지 있다.

실제로 내 술 친구 중에는 사업가나 어마어마한 실적을 올리는 직장인이 많다. 내가 가끔 "다음에 고기 먹으러 가요" 하고 말하면 "고기 먹으러 언제 갈까요?" 하고 연락이 온다. 심지어 고기를 좋아하는 지인들을 데려오는 경우도 있으니, 자연스레 소규모의 타 업종 교류회가 된다.

행운은 다른 사람이 옮겨다 준다. 나는 사소한 만남이 상상도 못 한 미래로 이어지는 경험을 여러 번이나 했다. 커뮤니케이션 능력이 높은 사람일수록 친구나 지인이 많으므로 저절로 인생 경험이 풍부해진다. 또는 자신은 운이 좋다고 믿으며 사는 사람, 자칭 행운아는 외향적이고 예민하지 않으며 사람 만나기를 좋아한다는 연구 결과도 있을 정도다.

사람은 사회적 동물, 본능적으로 사람과 이어지도록 프로그램된 생물이다. 혼자 힘으로는 불가능한 일도 누군가의 힘이 더해지면 이룰 수도 있다. 많은 사람과 이어지는 것은 가능성을 확장하는 일이기도 하다.

사교적인 사람일수록 친구가 많고 타인의 도움을 빌리기 쉬우므로 문제해결 능력이 높다는 연구가 있다. 기업이 신입사원을 채용할 때 요구하는 자질로 커뮤니케이션 능력이 1위인 이유도 아마 여기에서 비롯되었을 것이다. 마땅히 손해 볼 일이 없을 것 같으면 그런 기회 속으로 뛰어들어 모르는 사람과 만나기도 하고, 직장에서 일과 관련된 얘기만 주고받던 사람과 개인적인 이야기를 해보는 것도 중요하다고 생각한다.

---------- **5장** ----------

당장
부캐를 만들어라

상황에 맞게 변하는 말투

대화의 법칙 20

성격은
바꿀 수 없다?

척하다 보면
그것이 성격이
될 것이다!

스탠퍼드대학교
필립 짐바르도

의사소통이 어려운 사람이라면 여기에 집중하라. 커뮤니케이션 능력을 향상하는 데 가장 좋은 힌트가 바로 여기에 있다.

다른 사람과 이야기하는 게 힘들거나 소통에 소질이 없다고 생각하는 당신, 우선 말이 제대로 나오지 않는 때가 언제인지 되짚어보자. 만일 상대에 따라 다르다면 '나를 제대로 표현하지 못하는 사람'이라고 단정 짓는 것은 섣부른 판단이니 당장 멈추어도 좋다.

리쓰메이칸대학교의 사토 다쓰야サトウタツヤ와 오비히로 축산대학교의 와타나베 요시유키渡邊芳之가 공동으로 진행한 연구에 의하면 사람의 성격은 모드mode, 즉 상황이나 상대와의 관계에 따라 바뀌고 일관적이지 않은 게 당연하다. 여러분도 부모님과 이야기할 때와 친구와 이야기할 때, 일할 때, 처음 보는 상대와 이야기할 때 등 상황마다 각기 다른 사람이 된 것처럼 이야기하지는 않는가?

인간의 성격이란 고정적이지 않다. 성격은 상대가 누구인지, 언제, 어느 곳, 무슨 상황에서 어떤 심리상태로 이야기하고 있는지를 나타내는 다양한 환경에서 수시로 바뀐다. 그러므로 '나는 ○○한 사람'이라고 규정짓는 것도 잘못이고 어쩌면 그런 착각이나 말이 자신을 옭아매어서 그런 인간으로 행동해 버리고 있을 가능성도 있다.

그렇다면 내가 누구와 이야기를 나누었을 때, 이야기가 잘 흘러갔는가? 그때가 어느 때인가를 찾아내어 그 이미지를 기억하면서 다른 상대나 상황에서도 내보일 수 있도록 연습하는 게 중요하다.

· · ·

환경에 따라 인격도 달라진다

성격은 유동적이라는 점을 고려했을 때 권하고 싶은 요령은 '그런 척하기'다.

1971년에 스탠퍼드대학교 필립 짐바르도Philip Zimbardo가 진행한 '스탠퍼드 교도소 실험'이라는 유명한 연구가 있다. 짐바르도는 '인간의 행동은 성격보다 놓인 환경에 좌우된다'라고 생각해 대학교 건물 지하를 실제 감옥처럼 꾸며놓고 일반적인 성격의 청년 21명을 무작위로 교도관 역할 11명, 죄수 역할 10명으로 나누어 실험했다. 이 실험은 매우 놀라웠다. 초반에는 죄의식까지 느끼던 교도관 역할자들의 언행은 점차 눈에 띄게 폭력적으로 변했고, 결국 2주간 진행될 예정이었던 실험이 6일 만에 중단되었다.

비슷한 경험은 나 개인적으로도 있었다. 내가 몸담은 메이지대학교 내 발표연구회에서 한 학생을 지정해 연구회장직을 맡겼다. 처음에는 그다지 적극적이지 않아 보이던 학생이었는데 막상 연구회장직을 맡고 나니 훌륭한 리더십을 발휘했다.

여러분도 주위에서 학교나 직장에서 임원을 맡자마자 다른 사람처럼 말투나 태도를 바꾸는 사람을 한 번쯤 보지 않았을까?

그러니 커뮤니케이션이 어렵다면 자신이 커뮤니케이션에 능숙한 캐릭터인 척 연기해보자. 연습 상대가 없어도 된다. 부끄럼을 타는 사람에게는 오히려 없는 게 나을 것이다. 커뮤니케이션에 필요한 반응, 리액션은 또 다른 실전에서 훈련할 필요가 있겠으나, 발화만이라면 혼잣말로 연습할 수 있다.

미국의 대학교에 진학하게 된 나는 영어 회화에 대한 불안이 너무도 컸다. 그래서 미국으로 가기 전에 줄곧 혼자서 영어로 말하는 연습을 했다. 사람들은 '연습을 실전처럼 하라'고 흔히 말한다. 실전에서 멋지게 성공하는 운동선수도 있지만, 적어도 말하는 것에 관해서는 혼자서 말하지 못하면 실제 대화할 때도 말하지 못한다.

그러니 방안에서 좋아하는 영화나 애니메이션에 등장하는

소통 능력이 뛰어난 인물의 대사를 흉내 내어 말해보는 것만으로도 충분히 연습이 된다. 나 또한 대사를 줄기차게 흉내 냈으니 말이다. 이 연습은 실제로 꽤 많은 도움이 되었다.

실제로 미국에 갔더니 말하는 속도도 못 따라가겠고 맞장구를 치는 것조차 어려워서 역시 상대와의 소통에 익숙해질 때까지 시간이 필요했으나, 내가 먼저 말을 걸고 대화의 물꼬를 트는 것 정도는 나름대로 할 수 있었다. 그것이 가능하면 실전의 기회를 늘릴 수 있으므로 차근차근 맞장구나 추임새 넣는 법, 자연스러운 대화의 캐치볼 방법도 터득하게 된다.

머릿속에서 계속 혼잣말로 훈련하라

대화 연습을 거듭하면서 깨달은 점은, 주의력은 곧 잡담력이라는 것이다.

나는 커뮤니케이션에 강한 사람이 아니었는데도 모국어인 일본어를 쓰는 일본에서는 어떻게든 말이 통할 거라고 생각했고 실제로도 그랬다. 하지만 영어를 쓰는 미국에 가니 '어떻게 해서든 영어로 대화할 줄 알아야 한다'라는 절박한 상황에 놓이게 되었다. 발등에 불이 떨어지니 여러 수단을 고민하다 마침내 관찰의 중요성을 알게 되었다. 단순한 예지만, 앞머리를 살짝

다듬은 사람에게 "앞머리 바뀌었네요?" 하고 말하기 위해서는 지속적인 관찰이 필수다.

일본여행 에이전시 Nippon Travel Agency, NTA 의 서일본 영업본부 부장 겸 가이드인 히라타 신야 平田進也 는 재치 넘치는 입담으로 유명하다. 그는 상대를 마주할 때 "귀걸이가 예쁘네요!"라는 식으로 시야에 들어오는 모든 것에 대해 칭찬한다고 한다. 칭찬에 너무 집중해 가끔은 "뭐든지 예쁘다고 하시면서" 하고 핀잔을 받기도 한다는데, 그는 또 그것을 이야깃거리로 만들어 어쨌든 화기애애한 분위기의 대화를 이어나간다. 이 방법은 대상을 똑바로 구별해 칭찬해야 하므로 관찰력이 없으면 불가능하다.

언어학적으로 대화에는 두 가지 기능이 있다. 첫째는 정보를 주고받는 기능이고 둘째는 인간관계를 구축하는 기능이다. 후자에 속하는 잡담은 공간 분위기를 편안하게 만들어주고 심리적 거리를 조절하기 위한 목적이다. 그러니 귀걸이의 예처럼 '이걸 알아주었다고?'라며 감탄할 만큼 상대의 승인 욕구를 채워주는 칭찬 소재를 화제로 삼는 것은 효과적이다.

커뮤니케이션 능력을 높이고 싶다고 해서 갑자기 사람을 관찰하고 칭찬하는 게 부끄러울 것이다. 그러니 우선 머릿속에서 혼잣말하기부터 시작하자. 나도 전철에 타고 있을 때는 종종 머릿속을 영어 환경으로 바꾸어 이리저리 '뇌 속 혼잣말'을 훈련한다.

사람과 이야기하면서 말문이 막히면 머릿속으로 했던 혼잣말을 떠올리며 무언가 입 밖으로 내뱉을 만한 재료가 없는지 생각해보자. 재료를 발견하면 "다른 얘긴데, 넥타이 정말 멋진데요" 하고 말해도 좋다. 수줍음을 타는 사람이라면 "아, 근데……" 또는 "그러고 보니"라는 강제적인 화제 전환에 부자연스러움을 느낄지도 모르지만, 실제로는 물 흐르듯 흘려보낼 수 있는 말이라고 생각한다. 눈살을 찌푸릴 정도로 어색한 것도 아니고, 애초에 줄곧 말없이 있는 게 더욱 부자연스럽지 않겠는가? 말이 막혀버린다면 아직 화제로 삼지 않은 요소를 관찰해서 그 점을 부각해 이야기 주제로 삼아보자. 그렇게 의식하면서 주변을 살펴보면 대화의 달인들은 과연 관찰력 또한 뛰어남을 깨닫게 될 것이다.

대화의 법칙 21

울렁증을 극복하려면
연습하고 또 연습하라?

뇌를 속여서
성과를 올리자!

하버드대학교 앨리슨 브룩스 &
컬럼비아대학교 다나 카니

애당초 일하는 게 싫다.
회사에서는 늘 긴장 상태다.
회의 중에는 잠자코 끝나기만 기다린다.

이런 마음으로 회사에 다니고 있다면 어떤 말도 하기 싫을 것이다. 하물며 회의나 발표라도 한다면 더욱 힘들지 않을까?

회의나 논의는 대부분 여러 인원이 모여 진행하므로 자신이 적극적으로 발언하지 않아도 그 자리를 때울 수 있다. 하지만 본인이 발표자가 되면 상황이 달라진다.

솔직히 발표 능력을 단기간에 향상하는 마법은 없다. 단지 개선하겠다는 의지가 있는 사람에게는 그 연습을 위한 새로운 시점을 제공할 수는 있을 듯하다. 그것이 '뇌의 엉성함'이다.

뇌는 복잡하다. 만약 인류가 뇌에 대한 모든 것을 다 파악한다고 해도 그건 아마 먼 미래 일이다. 그러나 또 어떻게 보면 뇌를 속이는 것은 참 쉽다.

내가 뱉는 말, 자세를 바꾸어 본다

하버드대학교의 앨리슨 브룩스Alison Brooks가 진행한 신기한 연구가 있다. 실험 참가자가 '나는 지금 긴장된다'라고 말하기만 했는데도 성과가 떨어지고 '나는 지금 신난다'라고 말하기만 했는데도 성과가 올랐다는 놀라운 결과가 있다. 어째서 이런 일이 일어날까?

긴장 또는 흥분이라는 말을 들으면 사람들은 대부분 긴장을 부정적으로, 흥분을 긍정적으로 인식하는 것 같다. 그러나 몸에서 일어나는 긴장과 흥분은 상당히 비슷하다. 얼굴이 홍조를 띠고 땀을 흘리며 호흡이 가빠지는 등 실제로는 긴장해서 땀을 흘리고 있는데도 "나는 (긴장이 아니라) 신난다"라고 말하면 뇌는 긴장하는 게 아니라 흥분하고 있다고 착각해서 성과도 향상되는 마법이 펼쳐진다.

컬럼비아대학교 다나 카니Dana Carney의 연구에서는 2분 동안만 등을 곧게 뻗어도 테스토스테론이 증가하고 코르티솔의 분비가 줄어 대담한 행동을 취하기 쉬워진다고 했다.

남성 호르몬인 테스토스테론은 분비되면 공격성이나 경쟁심이 높아진다. 코르티솔은 스트레스에 노출되면 분비되는 호르몬이다. 이들 호르몬의 작용으로 과감한 리액션이 가능하다는 것이다. 반대로, 등을 구부리면 코르티솔의 분비가 늘어난다.

생각보다 뇌는 엉성할지도 모른다. 같은 사람이라도 등을 오므리고 있으면 스트레스가 늘고 기지개를 켜기만 해도 스트레스가 줄어드는 것이다. 실제로도 등을 곧게 세우고 있는 사람을 보면 그 모습만으로도 자신감이 있어 보이지 않는가?

하버드대학교 에이미 커디Amy Cuddy 팀이 모의 면접 전에 파워 포즈Power Pose를 취한 그룹이 웅크린 자세를 취한 그룹보다 높은 평가를 받는다는 실험 결과를 발표했다.

그러니 프레젠테이션이나 회의에서 발언하는 게 버거운 사람은 우선 자기 뇌를 속이는 연습을 해보자. 자신은 긴장한 게 아니라 신나고 설렌다고 계속 되뇌는 것이다. 또 등을 억지로라도 곧추세우고 미소를 지으면서 말하는 습관을 들여보자. 똑같은 내용이라도 분명 뇌는 속을 것이다.

대화의 법칙 22

눈을 보고 이야기해야
진심이 통한다?

아이컨택보다 중요한 건 자연스러움!

다트머스대학교
소피 볼첸 & 탈리아 휘틀리

이야기를 나눌 때 상대의 눈을 보는 이유는 상대의 반응을 알고 싶어서다. 또는 자기 의사나 호의 또는 적의를 상대에게 전하고 싶을 때다. 반대로 눈을 맞추지 않으려는 사람은 공포나 죄책감을 느껴서, 혹은 상대에게 관심이 없거나 피하고 싶은 등 관여하고 싶지 않아서다.

딱히 별다른 이유도 없는데 무조건 사람의 눈을 보고 이야기하는 게 누구에겐 힘든 일일 수 있다. 보통 눈을 보거나 피하는 것을 마음 상태와 연결 지어 해석하는 경향이 있어서, 눈을 맞추어 이야기해야 할 상황인데도 피하고 있으면 상대는 이야기하기 싫어한다고 오해하거나 불안을 느낄지도 모른다.

그렇다고 상대의 눈을 뚫어지게 보는 게 맞는가? 그건 또 추천하지 않는다. 특히 거짓말을 감추고자 할 때 눈을 바로 볼 수 없는 일이 있지 않은가? 여러 가지 설이 있으나, 거짓이 없고 자연스러운 대화를 할 때라도 인간은 대체로 이야기하는 시간의 30~40%는 다른 곳을 본다고 한다.

파장과 시선의 관계

'f분의 1(1/f)의 진동의 법칙'에서 가장 안정적인 소리는 1/f 선상에 자리한 파도 소리, 작은 시냇물 소리 같은 것들이다. 결코 정형적이지 않은 소리임에도 이 소리들은 가장 안정적인 소리들이다. 아이러니하게도 자연은 불완전하다. 가발이나 성형수술이 부자연스럽게 느껴지는 이유도 우리 눈에 지나치게 완벽하기 때문이 아닐까? 마찬가지로 상대의 눈을 전혀 보지 않는 것도, 눈을 봐야 한다는 압박감에 눈을 계속 주시하는 것도 상대에게 위화감을 준다.

또 과잉 교정이라 해서, 무언가를 흉내 내려다 오히려 부자연스러워지는 일이 있다. 거짓말한 사람이 그것을 숨기고자 상대의 눈을 뚫어지게 보는 것은 그야말로 과잉 교정이다.

다트머스대학교 소피 볼첸Sophie Wohltjen과 탈리아 휘틀리Thalia Wheatley가 진행한 연구에서는 대화 상대와 동조가 시작되는 순간에 눈이 마주치자마자 파장은 최고조에 달하고, 그 후에는 급격히 멀어진다고 한다. 그렇게 생각하면 무언가를 전하고자 할 때 굳이 눈을 응시하면서 이야기하는 것은 그다지 유용한 작전은 아닐 수도 있다.

유표와 무표라는 언어학적 해석법이 있다. 유표有標, marked란 보통과 다른 것을 가리키고 무표無標, unmarked란 보통, 표준, 일반적이라고 생각할 수 있는 것을 가리킨다. 사람은 안정적이고 일반적인 무표보다 자극을 가진 유표적인 것에 주의를 쏟게 되어있다.

이런 인식구조는 생물의 보호본능에도 뿌리박혀있다. 오히려 평소와 다른 일, 즉 유표적인 것이 주변에 있다면 그것은 위험일지도 모르므로 주시해야 한다. 거꾸로 무표적인 것이라면 평소와 같으므로 일일이 신경 쓰지 않아도 되고, 정보처리 효율화를 꾀할 수 있다.

사람의 얼굴을 보는 경우, 이야기하는 시간의 60~70% 동안 보는 것이 무표로, 그 비율을 초과하면 유표가 되어 사람은 무언가 위화감을 느낄 가능성이 있는 것이다(그러니 거짓말을 감추기 위해 계속 눈을 응시하는 사람의 말을 오히려 믿을 수 없게 된다. 방법의 규칙을 위반한 것이다).

・・・

내가 얼마나 집중해서 듣고 있는지를 알려라

원래 상대의 눈을 보는 게 힘든 사람은 구태여 눈을 보지 않아도 된다. 의식적으로 눈을 보는 것에 집중하는 것이 더 부자연스럽다. 꼭 그러지 않아도 상대의 미간이나 코 등을 보고 있으면 상대가 자기 눈을 본다고 느낀다. 시야를 흐트러트리듯 확장해서 초점을 상대의 얼굴에 맞추지 않고 얼굴 쪽을 무심히 보거나 반대로 초점을 좁혀서 눈과 눈 사이의 미간을 관찰하듯 보아도 좋다. 또 타이밍도 중요한 요소인데, 상대가 이야기하는 동안에 보아야 타이밍이 맞는다. 자신이 이야기할 때는 상대의 눈을 억지로 볼 필요가 없다.

한편, 상대가 이야기할 때 눈이나 그 주변을 보는 것은 '제대로 집중해서 듣고 있어요'라는 경청의 자세를 전하는 효과도 있으니 상황에 맞는 자연스러운 대화의 고수 스킬을 이용해보길 바란다.

대화의 법칙 23

침묵은
불편하다?

침묵까지도
메시지가 된다!

하버드대학교
다이애나 타미르 & 제이슨 미첼

많은 사람이 침묵을 힘들어한다. 혹은 침묵이 싫어서 누군가와 이야기하는 것 자체를 피하고 싶거나 침묵의 시간을 메우기 위해 쓸데없이 말을 늘어놓는 사람도 있을 것이다. 그리고 대화 속에서 침묵이 길어지면 괜한 불안감을 느끼는 사람도 있다. '내가 커뮤니케이션에 능숙해보이지 않으면 어쩌지?' '이 침묵 동안 상대는 무슨 생각을 하고 있을까?' 하고 말이다. 하지만 침묵은 결코 나쁜 신호가 아니다. 대화 속 침묵은 확실한 제 역할이 있다. 솔직히 침묵의 어색함을 지워줄 특효약은 없으나, 침묵의 성질을 이해하면 된다.

침묵은 YES일까?

침묵은 오히려 어떤 말보다도 강한 메시지를 담고 있다. 화기애애한 대화 중에 갑자기 대화가 딱 끊기면 그 침묵은 우리에게 '이 상황이 자연스럽지 않다'라는 메시지를 들이민다. 그 메시지를 받은 사람은 어떻게든 손을 써야겠다면서 초조해지거나 침묵을 두려워하는 것이다. 즉 침묵을 방치하는 것 또한 침묵이 가진 메시지에 동의한다고 표명하는 뜻일 수도 있다.

침묵이 지닌 메시지는 장소에 따라 제각각이지만, 조심해야 할 것은 침묵이 곧 긍정이라고 인정하는 부분이다. 이는 회의나 상담 등 특히 진지한 이야기를 나눌 때 발생하기 쉽다. 참석자들이 아무도 발언하지 않자, 주최자가 "여러분 이의가 없다는 뜻이죠. 그러면" 하고 마치려는 일은 다반사다.

꼭 업무가 아니라도 대화 주제가 동나버려서 갑자기 찾아드는 친목 위주의 대화에서의 침묵도 마찬가지다. 이런 침묵 또한 방치하면 '침묵 상태를 인정한다'라고 상황 자체를 긍정하는 셈이다.

할 말이 떠오르지 않아도 부정적 인상을 주기 싫다면 이야기를 다 해서 만족스럽다는 듯 즐거워 보이는 표정으로 침묵하는 것도 하나의 방법이다.

듣는 사람을 자처하자

자연스러운 미소를 짓는 것까지도 커뮤니케이션 능력 중 하나이지만, 쉽지는 않다. 또 이야기를 이어가고 싶어도 자신의 말솜씨에 자신이 없는 사람도 있을 것이다. 그럴 때는 차라리 철저하게 듣는 역할을 맡는 게 효과적이다. 인간은 기본적으로 듣기보다 말하기를 좋아하기 때문이다. 그에 대한 연구가 있다.

하버드대학교의 다이애나 타미르Diana Tamir와 제이슨 미첼Jason Mitchell의 연구에 따르면 자신에 대해 말할 때는 뇌에서 쾌락에 관계된 보상계reward system의 활동이 활발해진다. 즉 사람은 자기 이야기를 할 때는 쾌감을 느끼는 것이다. 연구팀은 37명의 실험 참가자에게 "자기 일이 아니라 (지인이나 유명인 등) 다른 사람에 관해 이야기한 사람에게는 보수를 드립니다"라는 조건으로 이야기하게 했다. 그럼에도 사람들은 보수가 20% 가까이 줄어도 자기 이야기를 하고 싶어 했다. 자신과 타인, 어느 쪽 이야기로도 보수를 얻도록 한 경우에는 70%가 자기 이야기를 했다고 한다. 다들 자기 이야기하기를 참 좋아한다.

인간은 좋아하는 것에 관해 이야기하기를 특히 좋아한다. 친구와 함께 심취해 있는 아이돌이나 배우, 만화, 게임 등에 관해 대화하면 신나지 않는가? 여러 명이 이야기 나눌 때는 사람들의 반응을 보며 그 사람이 좋아할 것 같은 주제를 확인해 두는 것도 좋다. 또 대화 상대가 SNS로 알고 지내던 사람이라면 더 수월하다. 대화 주제가 바닥을 보일 때 "B 씨, 새로운 포켓몬 클리어했어요? SNS 피드 보니까 꽤 많이 잡으셨던데요" 등으로 상대가 좋아할 것 같은 화제를 꺼낸다.

어느 잡담의 달인인 A 씨는 "상담과 잡담의 성패는 만나기 전에 결정된다"라고 했다. 묵직한 주옥같은 말이다. 그러니 가급적이면 '상대가 기꺼이 이야기할 것 같은 화제'를 꺼내 상대의 말을 이끌어내는 것도 방법이다. 말의 주도권을 제대로 넘기면 그 후에는 자신이 말주변이 없어도 상대가 새로운 포켓몬의 매력을 술술 털어놓아 줄 것이다.

타인에게 인정받고 싶거나 봐주기를 바라는 승인 욕구, 칭찬받고 싶은 칭찬 욕구는 누구에게나 있다. 그런 욕구를 채워주어 상대의 기분을 좋게 해주자. 맛있는 음식을 먹을 때 기분이 좋아지는 것을 이용하는 런천 테크닉의 효과처럼 기분이 좋아지면 상담도 유연하게 흘러간다.

침묵이 NO가 될 때

기본적으로 미국에서는 침묵을 부정적 의미로 받아들이는 경우가 많다. 이렇게 생각하면 침묵을 깨트릴 용기가 생기지 않는가?

지인이 미국 기업과 일할 때의 이야기다. 계약은 거의 확정되었고 요건만 조정하면 되는 상황이 있었다고 한다. 게다가 상대는 좋은 조건을 제시한 상황이었다. 속으로 '생각보다 나은 조건이다!'라며 놀라기도 했기에 지인은 이리저리 머리를 굴리느라 잠자코 있게 되었다. 그러자 상대는 그것을 부정의 의미로 받아들였는지 초조해져서 더욱 좋은 조건을 제시했다고 한다. 말을 얹으려던 그는 깜짝 놀랄 수밖에 없었다는 이야기를 털어놓았다. 침묵의 효과를 이해한다면 공격에 이용하는 것도 가능해지지 않을까?

하지만 이것이 비단 미국인의 문제는 아니다. 앞에서도 말한 잡담의 달인 A는 그런 상황에서는 오랫동안 침묵하면서 상대의 모습을 관찰한다고 한다. 그래서 한 번 더 밀어붙일 수 있을 것 같으면 부정으로 받아들이도록 침묵을 이어간다. 반대로 '이게 마지막이겠구나'라는 느낌이 오고 자신도 괜찮은 조건이라면 "훌륭한 안건을 검토해 주셔서 감사합니다"라는 식으로 만면에 미소를 지으며 고마움을 표한다고 한다. 그렇게 하면 상대는 지금까지의 침묵이 부정이 아니라 긍정의 침묵이었다고 받아들인다는 것이다.

침묵은 말하는 사람의 의도에 따라 YES가 될 수도, NO가 될 수도 있다. 그리고 어떤 경우에는 장황하게 늘어놓는 말보다 더 나은 효과를 불러일으키기도 한다.

6장

연애 고수는 말투부터 다르다

사랑마저 거머쥔 말투

대화의 법칙 24

고백하려면
정면 돌파하라?

사랑 고백에도 성공 법칙이 있다!

히로시마대학교
고지마 나나에

연애는 가장 높은 수준의 커뮤니케이션이라고 한다. 적어도 연애 고수로 유명한 사람이 있다면 외모나 그 외의 매력도 물론 큰 비중을 차지하겠지만, 틀림없이 커뮤니케이션 능력도 높을 것이다.

연애 방식도 다르고 연애하는 사람도 천차만별이지만, 현실적으로 샘플이 많은 다수집단을 대상으로 하는 연구가 많을 수밖에 없다. 그렇기에 남성의 몸으로 태어나 성 정체성이 남성이고 연애 대상이 여성인 사람을 남성으로 하고, 여자 몸으로 태어나 성 정체성이 여성이며 연애 대상이 남성인 사람을 여성으로 정의해 이야기를 끌어가고자 한다. 또 무성애자가 아니라 상호 이성애자이면서 연애에 흥미가 있고 파트너를 원한다는 전제하에 진행되는 이야기로 들어주길 바란다. 단지 성 소수자들이 다수집단의 연애 이야기나 연애 행동을 이해하는 데 거부감이 들지 않도록 내용 전달에 신경을 쓰겠다.

히로시마대학교 고지마 나나에 小島 奈々恵 연구팀은 대학생 306명에게 고백했을 때의 성공·실패 요인을 검토했다. 그 결과 고백에 성공한 사람의 행동 패턴이 다음과 같이 나타났다고 한다.

- 만난 지 3개월 미만일 때, 밤에 고백한 경우
- 놀이나 식사 등 둘만의 시간을 가진 경우
- 마음을 고백할 때 교제 의사를 분명히 밝힌 경우

고백 성공의 패턴

이 얼마나 알기 쉽고 직관적인 연구 결과인가? 위의 성공한 요인 중에서 커뮤니케이션이 관계한 부분을 생각해보자.

우선 '고백할 때 교제 의사를 분명히 밝혔다'라는 부분이다. 좋아한다는 마음을 표현하는 것도 중요하지만 무엇보다 "사귀자"라고 용기 내어 전하는 것이 중요한 듯하다.

사람은 자기가 하지 않은 일을 더욱 잘 기억한다. 러시아 소비에트 연방 사회주의 공화국 보건부 산하 정신의학연구소의 블루마 자이가르닉 Bluma Zeigarnik 이 연구를 통해 밝힌 '자이가르닉 효과 Zeigarnik Effect (또는 미완성 효과)' 현상에는 다음과 같은 의미가 있다. 하지 않은 일에 대한 후회보다 하고 나서의 후회, 즉 나중에 끙끙대기보다 모 아니면 도로 고백해 버려야 결과가 좋지 않아도 후련하단 뜻이다.

'만난 지 3개월 미만, 밤 시간대에 고백했다'라는 내용도 성공 요인에 들어있는 점으로 보아, 어느 정도 둘 사이에 온기가 돌고 다양한 자극이 새롭게 다가올 때 고백하면 효과가 좋은 것 같다. 뇌는 반복적으로 같은 자극을 받으면 익숙해져, 초기 단계에서는 기쁨을 보상이라고 받아들이다가도 그 기쁨이 거듭되면 당연하게 여기기 때문이다.

・・・

왜 한밤중이 나은가?

고지마 팀의 연구를 통해 철은 뜨거울 때, 한밤중에 두들겨야 효과적이라는 것이 명백해졌다. 그 이유는 뭘까?

진화심리학의 관점에서 요인을 생각하면, 주로 낮에 행동하고 밤눈이 어두운 인류에게 밤이란 어디에 위험이 도사리고 있는지 모를 암흑의 시간대인지라 불안해지기 쉽다. 그러므로 유령이나 귀신 등 공포의 대상이 나타날 것만 같은 마음에 누군가가 곁에 붙어있기를 바란다.

밤은 인간이 본능적으로 불안해지는 시간대이므로 누군가와 함께 있고 싶다는 친화 욕구가 증폭된다. 그러므로 그 불안을 해소해 줄 만한 상대의 존재를 받아들이기 쉬워지는 것이다.

맛있는 음식과 함께 이야기할 때 상대에게 우호적일 확률이 높은 런천 테크닉처럼 인간은 무언가를 판단할 때 얼핏 상관없어 보이는 자극이나 상황으로 인한 감각의 영향을 받는다. 착각도 제대로 이용하면 무기가 된다는 것이다.

그렇지만 가장 중요한 건 관계성이다. 아무런 관계성도 없는데 고백해 보았자 제대로 성공할 리 없다. 앞의 연구 결과를 보아도 '놀이나 식사 등 둘만의 시간을 갖는 교제 행동을 거쳤다'라는 것이 요인 중 하나에 속했다. 즉 관계를 발전시키기 위한 커뮤니케이션 시간이 필수라는 뜻이다.

연애에서의 핵심은 마음의 거리다. 어떤 식으로 상대와 마음의 거리를 좁힐지, 성공적인 커뮤니케이션 방법을 이번 장에서 검토해보자.

대화의 법칙 25

진지한 이야기는
사람 사이를 가깝게 한다?

무거운 이야기는
잠시 넣어둘 때!

화둥사범대학교
엔후이 시에

앞에서 '둘만의 교제 행동'을 거친 점이 고백의 성공률을 높이는 조건 중 하나라고 소개했다. 그 교제 행동에서 어떤 방식의 의사소통으로 마음의 거리를 좁히는가가 핵심이 되는데, 중국 화둥사범대학교 엔후이 시에Enhui Xie 연구팀의 실험에서 힌트를 얻을 수 있다.

실험 참가자에게 행복한 영화, 슬픈 영화, 중립적인 영화를 감상하게 한 후 그 내용에 관해 이야기하게 시켰을 때, 참가자의 반응을 뇌파 검사로 확인했다. 먼저 행복한 영화 내용을 말했을 때의 사실이다.

- 슬픈 내용의 영화보다 행복한 영화 내용을 잘 기억하고 있다.
- 상대에 대한 친밀감이 높아졌다.

인간의 뇌가 인지하는 범위는 매우 어설프다. 뇌는 타인이 즐거워하는 표정을 보면 긍정적 감정을 갖는다. 비슷한 예로 아이오와대학교 브래드 부시먼Brad Bushman의 연구에서는 샌드백을 치면서 불만을 터트리면 관계없는 타인이라도 공격성이 증가한다고 했다. 이와 같은 원리로 보자면 행복한 영화에 관한 이야기를 했을 때의 행복감이 '이 사람과 함께 있어서인가?'라는 착각으로 이어질 수도 있을 것이다.

사회생활이라는 형태를 통해 생존경쟁에서 살아남은 인류는 사람과 사람을 이어주는 무기로써 공감이라는 감정을 이용한다. 어차피 감정을 공유하려면 불행보다는 행복이 인간의 착각 구조를 통해서 행복 성분을 친화 감정으로 확대하므로 효과적이다.

또 당연한 것 같으나, 무언가를 함께 하는 것도 마음의 거리를 좁히기에 효과적이라는 것이 실험으로 증명되었다. 미국 듀크대학교의 바우터 울프Wouter Wolf와 독일 막스프랑크연구소의 마이클 토마셀로Michael Tomasello가 진행한 실험에서 어린이가 낯선 성인 옆에 앉아서 함께 영화를 본 경우와 영화를 보지 않고 책을 읽은 경우, 영화를 함께 본 아이가 그 어른에게 쉽게 다가가는 경향을 보였다.

사랑하는 상대에게 고백을 전할 때, 내가 상대에게 느끼는 행복의 감정을 공유할 수 있는 상황을 만들어라. 당신 고백의 성공률은 당신에게 달려있다!

대화의 법칙 26

내게 기분 좋은 발언은
모두에게 좋다?

듣기 좋은 칭찬은
사람에 따라 다르다!

전자과기대학교
자오 가오

흔히 남이 내게 했을 때 기쁜 일을 남한테도 해준다거나, 내가 싫어하는 일은 남한테도 하지 않는 게 좋다고들 말한다. 하지만 모든 일에는 예외가 있는 법이다.

귀엽다, 멋지다는 말을 매일 들어도 기분 좋다는 A 씨가 있는 반면 같은 칭찬을 반복적으로 듣는 건 민망해서 싫다는 B 씨도 있다. A가 B에게 "멋진데!" "예쁘네!" 하고 매일 말한다면 A의 의도와는 다르게 B는 민망함에 몸서리칠 것이다.

연애할 때는 특히 이런 예외 상황에 조심해야 할지도 모른다. 남성은 직접적인 표현, 여성은 우회적 표현을 좋아하는 경향이 있다는 연구가 있기 때문이다.

중국 전자과기대학교의 자오 가오Zhao Gao가 여성 124명을 대상으로 진행한 연구에서는 '여성은 직접적인 말보다 우회적으로 칭찬해 주는 남성에게 훨씬 호감을 느낀다'라는 결과가 나왔다. 또 같은 칭찬이라면 집이나 차 같은 소유물보다 외모를 칭찬하는 편이 낫다고 한다.

우회적 칭찬이란 간단히 말하면 은유적 표현을 곁들여 칭찬하는 것이다. 가끔 우회적 표현은 어떤 말보다 사람의 마음을 사로잡기도 한다.

소설가 나쓰메 소세키가 'I love you'를 '달이 밝군요'라고 번역했다는 이야기가 있다. 아마도 도시 전설이지만, 이런 맥락으로 생각하면 된다. 자오 가오 연구팀은 실험에서 'Your eyes are morning dew(당신의 눈동자는 아침 이슬 같아요)'와 같은 비유적 표현을 썼다.

어디까지나 이런 사람이 확률적으로 많다는 것뿐이고, 이미 이 책을 읽으면서 '나는 돌려 말하는 게 좋아'라고 생각하는 남성 독자가 있을지 모른다. 여기서 중요한 것은 기본적으로 내가 들어서 기분 좋은 칭찬을 남에게도 하는 것이 정답은 아니라는 것이다.

...

여성은 잡담으로
먼저 분위기를 익히는 경향이 있다

그렇다면 왜 남성과 여성 사이에는 이런 차이가 있을까? 일반화할 수는 없지만 남성보다 여성은 사람과 대화할 때 라포 Rapport, 즉 신뢰 관계 쌓기를 중시하는 특징이 있다고 한다.

라포 rapport는 징검다리라는 의미의 프랑스어로, 나라는 인간을 알게 하고 상대의 이야기도 끄집어냄으로써 마음의 징검다리를 놓은 후 본론으로 들어가는 것이다. 이메일을 작성할 때도 여성은 잡담식의 가벼운 화제로 조금 분위기를 부드럽게 한 후 본론으로 들어가는 데 반해 남성은 용건만 전할 때가 많은 것 같지 않은가?

예를 들면, 신입 아르바이트생에게 업무를 가르칠 때도 그런 현상이 두드러진다. 여자 선배에게 일을 배우면 하루 업무가 끝나고 이미 일 외의 이야기로 꽃이 핀다. 그래서 적응하기가 더 쉬워질 수도 있다. 한편, 남자 선배는 '해야 할 일'에 대한 용건만 전하고 사이가 좋아질 때까지 시간이 걸리기도 한다.

이렇게 신뢰 관계를 중시하는 발화법을 '라포 토크Rapport talk', 사실 전달을 중시하는 발화법을 '리포트 토크Report talk'라고 한다. 조지타운대학교의 언어학자 데보라 태넌Deborah Tannen이 발표한 개념으로, 기본적으로 여성은 라포 토크, 남성은 리포트 토크에 치중한다고 한다. '남성은 의미가 확실한 말밖에 하지 않으나, 여성은 이야기를 나누는 것 자체에 의미를 둔다'라고 하는 이유다.

이렇게 보면 리포트 토크는 기본적으로 수준 높은 커뮤니케이션임을 알 수 있다. 상대에 따라 라포 토크, 리포트 토크 중 어떤 방법이 더 적절한지 아는 것 또한 커뮤니케이션 능력이 된다. 만약 잡담할 시간이 없는 상황이라면 단도직입적으로 정보만 전달하는 게 좋겠으나, 오래 관계를 맺을 것 같은 상대라면 신뢰 관계를 쌓아둘수록 나중에 일하기 편할 것이다.

내 주관으로는 커뮤니케이션 능력이 높은 남성은 잡담을 적극적으로 활용해서 먼저 자신을 개방하고, 상대와 공감대를 형성하면서 마음을 꾹 잡아 빠져들게 하는 사람이 많은 듯하다. 이는 아마도 남성이 리포트 토크하는 게 무표임을(어떤 의미에서는 무의식적으로) 깨닫고 있으며, 오히려 라포를 중시하는 게 인간관계 구축에 도움이 된다는 것을 이해했기 때문일 것이다.

상대가 좋아하는 말을 인용해보자

또 여성은 칭찬하거나 칭찬 듣는 게 남성보다 익숙할 것이다. 그런 사람들에게 사실적인 칭찬만 한다면 진심이 전해질까? 오히려 너무 평범하고 어휘력이 부족하다고 느끼지 않을까?

똘망똘망한 눈으로 노래하는 영상이 화제가 된 2018년생 노노카 짱에게도 귀엽다, 싱어송라이터 빌리 아일리쉬에게도 귀엽다, 갓 태어난 새끼 고양이에게도 귀엽다고 한다면 전부 틀린 표현은 아니지만 특별함을 느끼기 어려울 것이다. 그래서 상대의 감성이나 교양을 알아가는 수단으로 훨씬 풍부하게 표현할 수 있는 은유적 칭찬법을 중시하는지도 모른다.

덧붙이자면, "당신의 눈동자는 아침이슬 같아요"라는 말은 상당히 시적인 표현이지만, 이에는 문화 차이가 있다. 성별과 관계없이 상대가 좋아하는 음악이나 책을 미리 조사해서 거기에 실린 은유적 가사나 글귀를 빌려 쓰는 것도 전략일 수 있다.

대화의 법칙 27

미움받지 않도록 행동하면
미움받지 않는다?

**처음부터 솔직해야
호감도가
올라간다!**

미네소타대학교
엘리엇 애런슨 & 다윈 린더

인간관계에서 미움받고 싶은 사람이 어디 있을까? 요즘은 특히 유독 미움받지 않으려는 사람이 많은 것 같다. 그렇지 않으면 《미움받을 용기》가 그토록 높은 판매율을 올렸겠는가?

물론 결론만 말하면 미움받지 않으면 좋다. 미움받지 않기 위해 노력하는 것도 어쩌면 자기를 발전시킬 수 있다. 단, 미움받지 않는 게 목적이 되면 결과가 좋지 않은 경우가 많다. 《미움받을 용기》의 저자이자 심리학자인 기시미 이치로도 주위의 평가를 의식하지 않고 뚜렷한 자기 가치관을 갖는 게 중요하다고 서술하지 않았는가?

극단적인 예지만, 일본의 인플루언서 니시무라 히로유키西村博之는 어떤 일이 일어나도 당당하다. 그 정도의 유명인이 되면 안티팬이 생기는 것을 피할 수는 없겠으나, 그런 강단 덕에 여진히 지지를 얻고 있으니 미움을 받더라도 어떻게든 되는가 보다.

처음부터 무리하지 않아야 오래 간다

　미네소타대학교의 엘리엇 애런슨Eliot Aronson과 다윈 린더Darwyn Linder의 실험이 있다. 평소와 다른 모습에 호감도가 올라갔을 때를 뜻하는 '반전매력'에 관한 효과다. 여대생 80명에게 진행한 이 실험에서, 처음에 차가운 태도를 보이던 사람이 마지막에 살짝 호의적 태도를 보이면 인상이 더욱 좋아진다는 것을 알았다. '나쁜남자'는 매우 효과적인 캐릭터였던 것이다. 심리학에서는 '게인 로스 효과Gain-loss Effect'라고 불린다. 게다가 처음부터 호의적 태도를 보이던 사람이 마지막에 비호의적인 태도를 드러냈을 때의 인상은 '나쁜남자'의 10%에 불과했는데, 처음부터 끝까지 차가웠던 무뚝뚝한 사람보다 훨씬 나쁜 인상을 받는다는 결과가 나왔다.

　여러분이 완벽한 초인이 아닌 이상 어쩔 수 없이 실패할 때도 있을 것이다. 미움받지 않도록 상대에게 시종일관 친절하게 대하는 데 성공한다고 해도 단 한 번의 실수로 이미지에 큰 타격을 입을 정도라면 처음부터 자기답게 행동하는 게 모든 방면에서, 특히 연애에서도 성공할 가능성이 크다.

　실제로 정말 일시적인 만남으로 충분한 경우가 아니라면 연애의 끝에는 오랜 파트너십이 기다린다. 몇 년, 몇십 년 동안 자신을 숨겨가면서 미움받지 않겠다는 일념으로 사는 것은 무리다. 반전매력이 훨씬 좋은 인상을 주기는 해도 이를 차치하고도 자신의 단점까지 솔직하게 내보이는 일은 중요하지 않을까?

지나친 완벽은 오히려 마이너스

너무 완벽하게 해내는 것 자체도 오히려 역효과를 부를 때가 있다. 첫째로 인간이라면 누구나 본심보다 진심을 더 좋아할 텐데, 미움받고 싶지 않다는 마음은 본심으로 분류되는 감정이기 때문이다. 둘째로 줄곧 미움받지 않는 언행을 너무도 완벽하게 해내는 사람을 보면 오히려 어색하다고 생각할 수도 있다.

인간은 기본적으로 문제로부터 자신을 보호하기 위해 강한 불안을 느낀다. 자신에게 일어나는 일이나 사람을 볼 때도 안 좋은 요소에 먼저 시선을 던지는 '부정성 편향'을 갖고 있다.

반대로 말하면 불안감이 있기에 상대를 이질적인 존재가 아니라고 인식하도록 미러링하면서 호감도를 높일 수 있다. 미러링이란 상대의 행동이나 표정, 목소리 톤이나 리듬에 유연하게 맞추어가면서 자연스레 호감을 안기는 기법으로, 일부에서는 연애 테크닉으로도 알려져 있다.

하지만, 이 미러링 과정이 지속되면 어떨까? 계속 자신에게만 맞추어주는 사람은 명백하게 유표이므로 그 또한 불안할 것이다. 자기 말과 행동을 하나하나 따라 하는 사람이 있다면 얼마나 공포스러울까?

좌우 대칭이 수학적으로 완벽하게 맞아떨어지는 성형수술은 오히려 위화감을 주기도 한다. 우리의 마음 깊은 곳에는 '인간은 완벽하지 않다'라는 인식이 뿌리내리고 있기 때문이다.

극작가이자 오사카대학교 교수 히라타 오리자平田オリザ는 로봇의 부자연스러운 움직임을 인간처럼 보이게 하려면 머뭇거리는 말투나 주저하는 행동 등의 쓸데없는 짓을 집어넣어야 한다고 주장했다. 미움받지 않으려고 이것저것 전부 끌어모으는 것은 부자연스럽다. 무엇에나 지나친 완벽, 과도함은 불안감을 조성하는 것이다.

또 진화심리학의 관점에서도 갑자기 마주한 초면의 상대에게 자신과 공통된 부분이 있으면 거리감이 들지 않아 어느 정도 안심할 수 있지만, 경쟁에서는 줄곧 가까이에 있는 사람이 자신과 너무도 닮아있으면 경쟁 상대로서 그것은 또 그대로 불안을 느끼고 만다.

결과적으로 미움을 사지 않는 건 훌륭한 일이지만, 그것만 목적으로 둔다면 아무것도 손안에 넣지 못할지도 모른다. 인간답게, 나답게 사는 것도 중요하다.

대화의 법칙 28

결혼은 공통점이
많은 사람과 해야 한다?

성격이 비슷한 커플은 오래 가지 못한다!

애리조나대학교 미셸 시오타 &
캘리포니아대학교 로버트 레벤슨

둘 사이가 서로 가까워지려면 확실히 공통점이 많을수록 이야기도 무르익고 친근감도 솟는다. 그렇기에 첫 만남에서는 서로 관심이 있는 주제를 찾아내고자 한다. 단지 그것은 어디까지나 처음 단계에서 가능한 얘기로, 코스요리에 비유한다면 에피타이저다. 결혼 등 인생에서 큰 영향을 주고받는 관계가 되면 이야기는 또 달라진다. 그중 하나가 커플이 오래 유지되는 비결인 상보성의 강도에 관한 연구다.

서로를 보완하는 관계가 이상적

심리학에서 상보성相補性이란 서로에게 없는 것을 보완하는 관계성을 의미한다. 즉 끼리끼리인 관계가 아니다. 그렇다고 해서 완전히 대립하는 상위성相違性도 아니다.

왠지 잉꼬부부의 비결은 '닮은꼴'이라고 생각하는 사람이 많을 것 같다. 물론 유유상종이기도 하고 닮은 부부로 잘 사는 커플도 틀림없이 많을 것이다.

하지만 유명한 잉꼬부부를 보아도 그다지 비슷한 면이 있어 보이지는 않는다. 예를 들어, 션과 정혜영 부부는 닮지 않았다고 할 근거는 없으나 닮았다고 하기에도 애매하다.

그런데 어째서 상보성이 높은 커플이 오래 유지된다는 결과가 나왔을까?

스탠퍼드대학교의 로버트 윈치Robert Winch는 기혼 커플 중에서 지배 욕구가 높은 사람에 주목했는데 상대 파트너의 지배 욕구가 낮을수록 관계가 원만하다고 한다. 또 지켜주고 싶은 사람과 보호받고 싶은 사람의 조합이 좋다고 했다. 말하자면, 서로의 욕구를 보완해 주는 관계가 바람직하다는 것이다.

미국 베이츠 칼리지의 와그너Wagner는 부부 사이가 아닌 함께 일하는 동료로서 어울리는 관계를 조사했다. 그 결과, 도움을 받고 싶어 하는 직원과 도우미 역할, 활동적인 직원과 수동적인 직원, 지배하는 직원과 종속하는 직원, 자기 과시욕이 높은 직원과 소심한 직원 등 몇 가지 맞는 조합이 있음을 알아냈다. 여기에서도 역시 상보성이 중요해 보였다.

그렇지만 로버트 윈치는 1958년에, 와그너는 1978년에 진행한 조사이기에 이 결과들은 시기적으로 진부하다. 고전적 연구가 중요하게 다루어지는 예도 많으나 이 둘의 연구를 현대적인 시각으로 보면 상보성이 증명되기는 하지만 지배 욕구가 강한 가부장적인 남성을 인내심 많은 여성이 수용하고 있었던 것은 아닐까?

여전히 남녀 격차는 꽤 존재하지만, 닮지 않아서 오래 유지되는 커플은 있다고 생각해도 될 것 같다. 이와 관련해 비교적 최근에 이루어진 2008년의 연구를 소개하겠다.

애리조나대학교의 미셸 시오타Michelle Shiota와 캘리포니아대학교 버클리의 로버트 레벤슨Robert Levenson이 진행한 연구에서는 결혼 12주년을 넘긴 부부 중 성격상 공통점이 많은 부부일수록 파트너에 대한 만족도가 낮았음이 밝혀졌다. 그 원인 또한 처음에는 공통점이 많아서 안도감으로 이어지지만, 오랜 세월 함께 있으면 공통점이 많은 게 오히려 성가시게 느껴지기 때문이라고 한다.

단, 결혼을 염두에 두고 오래 만나고 싶은 상대를 찾는다면 공통점이 없는 쪽이 낫다는 것은 또 아니다. 이는 어디까지나 성격에 관한 이야기로 취미 등은 일치하는 게 좋다고 한다. 즉 같은 영화를 보러 가거나 같은 책을 읽고 같은 운동을 즐기는 것이다. 그런 후에는 서로의 감상이 달라도 시점이 넓어져 훨씬 재미를 느낄 수 있다.

또 인간으로서의 기본적인 가치관도 어느 정도 일치하는 게 나을 것이다. 깔끔하고 아이를 좋아하는 아내와, 털털하고 아이를 너무 싫어해서 절대 갖고 싶지 않은 남편이라면 오래 함께 있기 어려울 테니 말이다.

결국 완전히 다른 인간끼리여도 좋은 것은 아니다. 상위성이 아니라 상보성, 서로 보완하는 관계가 필요하다. 생활 방식은 비슷하면서도 적당히 달라서 역할이나 성격은 구별되는 관계랄까? 약간 이기적인 생각일지도 모르겠으나, 결혼생활을 오래 즐길 수 있는 상대의 조건은 이런 느낌일지도 모르겠다.

7장

특별한 비즈니스의 고수가 되는 법

부를 끌어들이는 말투

대화의 법칙 29

정해진
회의 시간은 지켜야 한다?

회의 시간은
30분이
가장 효율적!

간사이대학교
요시무라 이사오 & 도모다 야스유키

화상 회의가 보편화되고, 회의 시간이 길어졌다고 푸념하는 지인이 있다. 화상 회의를 할 때마다 회의실을 비워줄 필요가 없으므로 시간이 계속 흐르는 데에 감각이 없어지는 상황이 생긴다는 것이다.

화상 회의의 경우, 비언어 정보가 대폭 줄어드는 건 확실하다. 대면 회의 때는 가능했으나 화상 회의 때는 부족해지는 정보를 채우기 위해 온갖 어휘를 남발하고 그 결과 시간이 늘어져버리는 것일 수도 있다.

또 화면 속 얼굴을 보면서 진행하니 공간의 분위기를 읽기 힘들어지므로 논제는 끊임없이 나오는데 회의를 종료해도 좋은지 판단하기 어려워서 질질 끌어버리는 일도 있다.

30분 넘는 회의에는 휴식이 필수

여러 연구에서는 인간이 한 가지 작업에 최대한 집중할 수 있는 시간이 대체로 30분 전후라고 말한다. 간사이대학교 요시무라 이사오吉村 勳와 도모다 야스유키友田泰行의 연구에 따르면, 컴퓨터 화면을 보면서 작업할 때 30분 만에 집중력이 떨어지기 시작하고 40~50분, 즉 평균 60분이 되면 피로감이 뚜렷하게 나타난다고 한다. 그러니 30분 정도가 되면 일단 휴식을 취하는 게 현명하다.

한밤중까지 이어진 회의 막바지에 나온 획기적 아이디어가 자고 일어났더니 하나도 신박하지 않더라는 전형적인 사례도 있지 않은가? 끝까지 물고 늘어진다고 해서 그리 대단한 안건이 나오는 건 아니다.

타이머를 25분으로 세팅해서 작업한 후 5분 휴식하기를 4회 반복한 후에 휴식 시간을 조금 길게 잡는 시간 관리법이 있는데, 이를 '포모도로 기법Pomodoro Technique'이라고 한다. 회의 시간도 이와 같은 간격으로 계획하면 좋을 것이다.

2장에서 일본 마이크로소프트사의 '워크 라이프 초이스 챌린지'에 관해 소개했는데, 그때도 기본 회의 시간을 30분으로 한다는 규칙이 있었다. 괜히 줌ZOOM 무료 버전의 이용 시간이 40분으로 제한되어 있겠는가? 이 역시 줌 비디오 커뮤니케이션스의 설립자이자 대표인 에릭 유안Eric Yuan이 가장 효율적인 회의 시간을 45분으로 생각하기 때문이라고 한다.

영국의 역사학자이자 정치학자인 시릴 노스코트 파킨슨Cyril

Northcote Parkinson은 '파킨슨의 법칙'을 주장했다. 이 법칙은 '일의 양은 완성하도록 설정된 시간을 모두 채울 때까지 팽창한다'라는 내용인데, 간단히 말해 끝나는 시간이 정해져 있으면 그에 맞추어 무의식적으로 작업 시간을 조절하게 된다. 즉 5시간 안에 끝낼 수 있는 일도 8시간 주어지면 8시간 만에 끝내려고 한다는 것이다. 이런 경향을 응용해 회의를 시작하기 전에 끝내는 시간을 정해두면 좋을 것이다.

대화의 법칙 30

일도 공부도
디지털 방식이 효율적이다?

종이에 적힌 정보가 기억력을 높인다!

도쿄대학교
사카이 구니요시

업무적인 커뮤니케이션에는 화술이나 어휘력, 말을 꺼내기 쉬운 분위기 등의 조건 외에 '일의 성과'도 크게 작용한다. 어쩌면 여러분에게도 '성격은 마음에 들지 않는데 일머리는 인정할 수밖에 없는' 동료가 있을 수 있다. 아무리 커뮤니케이션의 달인이어도 업무 성과가 좋지 않다면 누가 그와 함께 일하려고 하겠는가?

기억해야 할 때, 뇌는 이렇게 일한다

재택근무로 출근을 대신한다면 정말 실수가 늘어날까? 비대면 업무에 익숙하지 않았던 사람들은 화상 회의나 채팅 등 활성화된 온라인 커뮤니케이션에 많이 어려워했다. 이는 나름대로 적응해야 할 주요 문제이지만, 또 다른 원인으로 고려해야 할 건 정보를 수용하는 방식의 변화다.

구체적으로는 종이에서 모니터로의 변화다. 원격근무나 지속 가능 개발 목표Sustainable Development Goals, SDGs에 대해 관심이 높아지면서 업무에도 페이퍼리스Paperless가 진행된 기업이 많아졌다. 지구환경을 생각한다면 나쁜 발상은 아니지만, 디스플레이보다 종이로 된 정보를 읽었을 때 기억으로 정착되기 쉽다는 연구 결과가 여럿 있음을 알아야 한다.

도쿄대학교의 사카이 구니요시酒井邦嘉 연구팀은 실험 참가자 48명을 다음의 세 그룹으로 나누어 똑같은 과제를 해결하도록 했다.

① 종이에 펜으로 쓰기
② 태블릿에 전용 펜으로 쓰기
③ 스마트폰에 입력하기

놀랍게도 종이와 펜을 활용했던 ① 그룹에서 가장 단시간에 기억을 정착시켰다는 결과가 나왔다. 동시에 뇌의 활동도 관찰했는데 ① 그룹에 속한 참가자는 뇌의 기억을 관장하는 영역의 혈류가 다른 그룹보다 증가했다. 이는 기본적으로 정보를 종이로 읽어야 기억하기 쉽다는 뜻이다.

실제로 나 또한 논문이나 서적을 종이로 읽을 때 머릿속에 쉽게 들어온다. 그래서 진지하게 읽고 싶은 내용의 글은 될 수 있으면 인쇄해서 읽으려고 한다.

또 필기 기능에서도 종이가 전자매체보다 수행하기 편한지 학생들에게 온라인 강의의 필기 내용을 제출하도록 하면 인쇄한 자료에 수기로 적은 후 사진을 찍어 보내는 사람이 압도적으로 많다.

요즘 학생들에게는 '디지털 네이티브'라는 말이 붙는다. 태어날 때부터 개인 컴퓨터와 스마트폰 등 디지털 환경을 접하고 일상으로 사용하는 세대를 일컫는다. 하지만 이들조차 공부할 때만큼은 얼핏 비효율적으로 보이는 종이를 선호한다는 것을 알 수 있다.

뇌의 구조적인 면에서도 기억은 목표물이 되는 정보에 접근한 다양한 상황과 한꺼번에 뇌의 하드디스크에 기록되어 주변 정보까지 떠올리는 실마리 구실을 한다. 그렇다는 말은 주변 정보가 많을수록 되짚을 만한 계기가 늘어난다는 뜻이고, 종이의 질감이나 두께, 오염도, 잉크의 속성, 색 등 주변 정보의 양이 전자매체보다 압도적으로 많으므로 기억에 남기 쉽다고 생각할 수 있다.

재택근무 때문에 실수가 늘어났다면 특히 중요한 자료일수록 자비를 들여서라도 종이로 출력해서 집중하는 것이 하나의 해결책이 될 수도 있다.

대화의 법칙 31

화상 회의의 배경 효과는
나를 표현하는 하나의 방법이다?

나는 회의에서
어떤 사람으로
보이고 싶은가?

미시간대학교 리처드 니스벳 &
홋카이도대학교 마스다 다카히코

우리는 예상치 못한 코로나19로 화상 회의와 가까워졌다. 이와 함께 우리에게 익숙하게 느껴지는 한 가지 기능이 있다. 바로 가상 배경이다.

가상 배경을 쓰는 의도 또는 효과라고 한다면 기본적으로 두 가지를 들 수 있다. 하나는 단순히 집이 정돈되지 않았거나 실제 배경을 보이고 싶지 않은 경우다. 또 하나는 드넓고 푸른 하늘이나 바다, 빼곡히 늘어선 가로수 등 보여주고 싶은 이미지가 있는 경우다. 물론 두 가지 다일 수도 있다.

화면에서 얻을 수 있는 정보는 총 몇 개일까?

나는 그때그때 기분에 맞추어 가상 배경을 쓰거나 쓰지 않기도 하는데, 식구들이 오가는 집 거실에서 온라인으로 취재할 때 실제 배경을 쓰다가 가상 배경을 사용하던 어느 날, "이렇게 하면 말하는 사람의 이미지도 바뀌나요?"라는 질문을 받았다. 생각해 본 적이 없던 주제이긴 했으나, 과연 배경 화면으로 자신의 인상을 바꿀 수 있다면 커뮤니케이션에도 도움이 될 것 같다.

미시간대학교 앤아버의 리처드 니스벳Richard Nisbett과 홋카이도대학교 마스다 다카히코增田貴彦가 진행한 유명한 연구에 따르면, 유럽 문화권에 속한 사람은 배경보다 중심이 되는 인물이나 사물을 보는 경향이 강하고, 아시아 문화권의 사람은 배경 정보에도 주목하는 경향을 보인다.

어째서 이런 차이가 나타날까? 아시아 문화에서는 원래 문맥이나 배경에 의존하는 비율이 높기 때문이다. 늘 종합적으로 사안을 본다는 것이다. 그러므로 매력적인 가상 배경을 사용하면 후광효과가 작용했을 때처럼 본인의 숨은 매력을 끌어올릴 가능성이 없는 것은 아니다.

· · ·

아름다운 자연 배경은 창의성을 높인다

얼마 전 직접 CG 제작도 하는 SF 작가가 TV에 원격으로 출연한 장면을 보았다. 그의 뒤에는 3D 그래픽으로 만든 아름다운 우주가 펼쳐졌고 작가의 이미지와 겹쳐 장관을 이루었다.

같이 출연한 패널이 그 배경에 대해 질문한 걸 보면 역시 배경에 주목하는 사람이 꽤 있다는 게 아닐까?

단지 모든 유럽인이 대상에만 주목하고 배경을 의식하지 않는 건 아니다. 이탈리아 파도바대학교 마우로 콘티Mauro Conti의 연구에 따르면 가상 배경 사용은 학습 환경에서는 산만해지는 요인이 된다고 한다. 가상적인 배경은 아무래도 유표에 속하므로 주의가 그쪽으로 쏠리는 것이다.

또 개인의 이미지가 달라지는가와 별개로, 캐나다의 헬스 케어 기업 클릭응용과학Klick Applied Sciences 소속 연구원 아담 팔라니카Adam Palanica와 얀 포삿Yan Fossat이 발표한 논문에서는 줌에서 인공물 등의 가상 배경을 썼을 때보다 자연 배경을 사용했을 때 창의성이 높았다고 보고했다. 배경을 사용하더라도 상황과 목적에 맞게 구분하는 게 효과적일 것이다.

대화의 법칙 32

업무에 관련된 사람은
무조건 참조에 걸어라?

답변이 필요하면 지목하라!

뉴욕대학교 존 달리 &
컬럼비아대학교 빕 라테인

업무 속 커뮤니케이션 도구 중 가장 흔한 것이 이메일이다. 코로나19의 영향으로 슬랙Slack이나 챗워크Chat Work 등 비즈니스용 플랫폼이 발 빠르게 도입되었지만, 채팅 도구가 아무리 편리해도 회사 외부의 사람과도 협업하려면 여전히 이메일만 한 것이 없다.

여기에서 생각해야 할 것은 '일단 참조인으로 추가하는' 습관이다. 참조인을 뜻하는 CC는 Carbon Copy, 즉 복사본을 줄인 말로, 수신자 외의 사람에게도 똑같은 내용의 이메일을 보내는 기능이다. 나도 대학교와 관련된 일로 이메일을 확인하다 보면, 답변할 필요 없는 수준의 이메일에 참조가 되어있어 어쩔 수 없이 받아보게 된다. 솔직히 말해서, 쓸데없는 이메일이 참조인으로 붙어서 오는 바람에 메일함이 넘칠 때도 많다. 평소 편하게 의견을 주고받는 사무직원에게 한 번 그런 이메일에 관해 물어보았더니, 혹시 모르니 일단 참조인에 집어넣고 본다는 답변을 들었다. '음, 그건 좀……' 싶은 생각도 들었으나 언젠가 확인해야 할 일이 생길지도 모르고, 내 쪽에서 연락해야 하는 위치라면 그때 가서 '왜 나를 참조 걸지 않았어?'라는 말을 듣지 않기 위해 어쩔 수 없겠다는 생각도 든다.

· · ·

참조 메일이 무시당하는 이유

우선 대충 포괄적으로 보내두고 싶은 연락이라면 신경 쓰지 말고 일단 보내두는 게 나을 것 같은 사람을 모두 참조 대상에 집어넣자. 여기에서 주의해야 할 것은 참조인이 담당자(또는 챙기지 않으면 곤란한 업무)를 맡는 패턴이다.

같은 안건일 경우 줄기차게 'Re:'를 반복하면서 받은 메일에 답장해 가는 방식이 일반적이다. 그러나 가령 A, B, C라는 인물이 참조에 들어있는 메일에서 처음에는 A를 주요 수신자로 하여 보냈는데 도중에 '감사합니다. B 씨, 청구서를 요청 드립니다' 등으로 인물을 추가해 보낸 경우, B는 참조에 들어있는 상태이지만 주 담당자는 A에서 B로 넘어간다. B 입장에서는 줄곧 A를 상대로 한 내용이었는데 갑자기 메인 전달 사항이 자기에게 올 것이라는 예측을 못할 가능성이 크다.

사회심리학에서는 제삼자가 보고 있는 경우 스스로 나서서 행동을 일으키지 않는 방관자 효과가 유명하다. 참조를 무시하게 되는 이유는 이 방관자 효과가 작용하기 때문이다.

방관자 효과를 피하는 방법

뉴욕대학교의 존 달리_{John Darley}와 컬럼비아대학교의 빕 라테인_{Bibb Latane}이 진행한 실험에서 이야기 도중 갑자기 한 사람이 발작을 일으키는 긴급사태에 어떻게 대처하는가를 관찰했다. 그 결과, 자기 외에 사람 수가 많으면 많을수록 스스로 행동에 나서지 않았는데, 자기 외에 아무도 없는 상황에서는 모든 참가자가 타인에게 알린 데 반해 자기 외에 네 명이 있는 상황에서는 참가자 중 40%가 알리지 않았다.

이 방관자 효과는 1964년에 미국 뉴욕에서 일어난 키티 제노비스 사건을 계기로 정의되었다. 피해자 여성의 이름이 붙은 이 사건은 새벽에 귀가하던 여성이 습격을 당해 크게 소리 질렀고, 경찰 발표에 따르면 38명의 목격자가 있었는데도 불구하고 여성은 결국 살해되었다. 게다가 범인은 처음에 이를 수상하게 여긴 목격자 때문에 범행을 멈추는 듯하다가 다시 돌아와 여성을 습격했다. 심야에 끔찍한 범죄를 저지른 범인은 방관자 효과를 이해했으며, 한 번 도망치는 시늉을 하면 경찰에게 신고되지 않고 목격자도 바로 잠들 줄 알았다고 한다.

이 방관자 효과를 아는 용기 있는 사람은 특정인을 지목하는 습관이 묻어있다. 예를 들어, 쓰러진 사람을 발견하면 달려가 자신은 구조활동을 한다. 그리고 "스마트폰으로 찍고 있는 붉은 티셔츠 입은 분, 119에 신고해 주세요!" 하고 지목해서 도움을 요청하는 것이다.

그렇게 구체적으로 불리면 사람은 자신이 당사자임을 알아차리고 반응한다. 만일 자신이 의식 있는 상태로 쓰러져버린다면, "거기 계신 분, 구급차 좀 불러주세요!" 하고 지목해서 도움을 구하자. 방관자 효과가 역으로 작용해 지명받으면 본인 외에는 아무도 없으므로 누군가 대신할 것이라는 생각을 하기 어렵다.

이메일 역시 마찬가지로, 반드시 읽어야 할 사람이 참조에 들어있다면 수신인으로 옮겨 메일 초반에 'B 님'이라고 구체적으로 지목한다. 읽은 후 답변을 받아야 할 사람이 많다면 몇 명이 되었건 이름을 열거하자. 'A 님, B 님, C 님, D 님, E 님, F 님, G 님, H 님, I 님 안녕하십니까. 훗타 슈고입니다'라고 적는다.

여기까지 작성한다면 꽤 평범하지 않은 유표한 메일이 되므로 참조란에 들어있던 J도 신경 쓰여 무심코 메일 내용을 숙독할지도 모른다.

대화의 법칙 33

SNS에 의존해도,
결국은 일만 잘하면 되지?

SNS 사용 시간이 길면 불안, 우울, 고독감이 늘어난다!

펜실베이니아대학교
멜리사 헌트

갑작스레 찾아온 근무 방식 2.0시대, 많은 사람들이 원격근무에 익숙해진 시대다. 2021년 5월, 일본의 마케팅 대행사 글로썸Glossom에서 전국 10대~70대 남녀 1,442명을 상대로 실시한 '스마트폰을 이용한 정보수집에 관한 모니터링 조사'를 보면 하루 평균 스마트폰 이용 시간은 136.3분(전년 대비 7.6% 증가)으로 나타났다. 그리고 그 가장 큰 요인은 SNS 활동이었다. 어쨌거나 매일 출퇴근하던 사람이 재택근무를 하면서 자유시간이 늘어났을지도 모른다. 그렇게 생긴 여가시간을 SNS에 다 써버린 탓일까? 그중 하루 평균 SNS 이용 시간은 77.8분으로 전년도 조사에서 나온 67.1분보다 15.9% 증가했다.

펜실베이니아대학의 멜리사 헌트Melissa Hunt 연구팀은 학생 143명을 다음의 두 그룹으로 나누어 관찰했다.

① 메타(구 페이스북), 인스타그램, 스냅챗 등의 이용을 하루에 10분으로 제한한 그룹
② 무제한 이용을 허용한 그룹

이때 ① 그룹에 속한 학생은 ② 그룹보다 불안이나 우울감을 억제할 수 있다는 결과가 나왔다. 헌트 연구팀은 하루에 30분 정도 이용으로 SNS를 멈출 수 있다면 SNS를 통해 행복감이나 안정감을 얻기 쉽다고 했다.

이렇듯 SNS를 적절하게 이용하면 해롭지 않다고 증명된 연구는 있다. 단지 '적절하게 이용한다면'이라는 전제조건이 붙는다. 사실 SNS에 관한 수많은 연구에서는 장시간 이용하면 좋지 않다는 결과가 나왔다. 존스홉킨스대학교의 키라 리엠Kira Riehm 연구팀이 3,500명 이상을 대상으로 진행한 연구에서는 하루 SNS 이용 시간이 '30분 이상 3시간 미만'인 청소년 세대에서 불안, 우울, 고독감 등의 문제가 일반적으로 약 두 배, '3시간 이상 6시간 미만'에서 약 2.5배, '6시간 이상에서는 약 세 배에 달한다는 결과를 얻었다.

그렇지만 SNS가 무조건 나쁘다고 할 수도 없다. 행복 호르몬이라 불리는 옥시토신은 사람이나 동물과 접촉하면 분비량이 늘어난다는 연구가 있다.

· · ·

옥시토신 분비를 증가시키는 보디 필로

사람을 만나서 나누는 직접적인 커뮤니케이션이 불가능할

때는 온라인상의 커뮤니케이션도 매우 중요한 신경안정제가 된다.

이와 관련해 재미난 연구가 있다. 교토 국제전기통신기초기술연구소Advanced Telecommunications Research Institute International, ATR 소속 스미오카 히데노부住岡英信에 따르면 원격으로 낯선 상대와 이야기할 때 보디 필로body pillow 같은 애착 물건을 안고 있으면 스트레스가 경감되어 안정을 되찾는다고 한다. 이 실험에서는 단순히 전화로 대화하는 그룹과 무언가를 안고서 전화로 이야기하는 그룹으로 나누어 15분 동안 이야기를 나누도록 한 후 대화 전후에 혈액과 타액을 채취해 비교했다. 그 결과 무언가를 안고 이야기한 그룹에서는 스트레스 호르몬인 코르티솔의 수치가 낮아졌고 행복 호르몬인 옥시토신이 증가했다.

당연히 불안이나 우울감이 높아졌다면 업무뿐 아니라 모든 커뮤니케이션에 악영향을 미친다. 말주변이 있고 없고의 문제가 아니다. 그러므로 스스로 SNS에 빠져있다는 자각이 든다면 하루 30분은 어렵더라도 이용 시간을 조금 줄이는 게 좋다.

> 마치며

<마음을 움직이는 말투의 심리학>을 읽고 난 후 당신의 말투는 몇 점?

이 책을 읽으며 한 번이라도 고개를 끄덕였다면 당신은 백 점 만점의 커뮤니케이션 시험 문제에서, 동그라미 하나는 얻어낼 자격이 생겼다. 백 점을 받으려면 정답을 맞추기 위해 상당히 예리하게 생각하거나 교묘한 화술을 구사하는 등 백 점에 가까이 가도록 노려야 할 것이다. 그러기 위해서는 재능이 받쳐주어야 할지도 모른다.

하지만 인간관계에는 정답도, 만점도 없다. 커뮤니케이션에서 실패는 점수의 높고 낮음을 따지는 문제가 아니라 빵점이나 마이너스 점수를 받을 정도의, 지뢰를 밟는 것만 아니면 된다. 그리고 빵점이면 또 어떤가? 진심이 통하는 대화는 백 점을 향한 시작점인 셈이다.

그리고 사실 이 책에서 설명한 많은 학자들의 연구를 이해한다면 실언이나 어긋난 행동으로 인해 빵점 이하로 내려가는 일은 크게 줄어들 것이다.

다른 사람과의 관계에 서툴다고 느껴서 이 책을 펼쳤던 당신이라도 이제는 자신도 모르게 조금 더 성장한 것을 느끼는가? 소통에 대한 용기와 가능성을 발견한 것만으로도 큰 한 걸음을 내딛은 것이다.

반복하게 되지만, 커뮤니케이션은 상호 작용이다. 상대가 요구하는 옳은 답을 어렴풋이라도 인지할 수 있다면 더 이상 두려워할 필요 없다.
얼핏 지루한 과정으로 보일지도 모르겠지만, 실패하지 않는 게 당연해진다면 그것만으로 여러분은 커뮤니케이션 달인까지는 아니더라도 신뢰할 수 있는 사람이라고 평가받게 될 것이다.
5장에서 다룬 '그런 척하기'를 떠올려보라. 술술 재미난 말솜씨를 위해 의식하고 노력한다면 최고의 위치까지 이르지 못하더라도 어느 정도의 수준까지는 도달할 수 있다고 본다.
맞닥트리는 장소는 저마다 다르지만, 모든 상황에서 평소의 자신처럼 말할 수 있는 사람은 아무도 없다. 나도 대학교 강의에서는 '그런 거다'라고 생각하며(학생들 눈에는 답답한 면이 있을지도 모르지만) 교수답게 떠드는 말투를 하고 학회에서 의견을 피력하며, 경찰이나 변호사의 의뢰에는 연구자답게 법언어학 분석을 제공하고자 연기한다.

이 책을 통해 '어떤 대화법이 맞을까?'라는 막연한 질문을 생각하고, 긍정적인 한 걸음을 내딛는 사람이 한 명이라도 많아지기를, 그리고 여러분의 앞으로의 삶이 행운과 행복으로 가득하기를 진심으로 기원한다.

다시 한번, 지금까지 읽어주셔서 감사하다. 다이와쇼보출판사 편집자님, 이 책의 출간에 힘을 보태주신 분들께도 마음 깊이 감사드린다.

참고문헌

1장

- Jourard, S. M. (1958). A study of self-disclosure. *Scientific American*, 198, 77-82.
- Ambrus, G. G., Eick, C. M., Kaiser, D., & Kovács, G. (2021). Getting to Know You: Emerging Neural Representations during Face Familiarization. *Journal of Neuroscience*, 41 (26), 5687-5698.
- Rutter, D. R., Stephenson, G. M., & Dewey, M. E. (1981). Visual communication and the content and style of conversation. *British Journal of Social Psychology*, 20(1), 41-52.
- Yang, L., Holtz, D., Jaffe, S., SUri, S., Sinha, S., Westson, J., Joyce, C., Shah, N., Sherman, K., Hetcht, B., & Teevan, J. (2022). The effects of remote work on collaboration among information workers. *Nature Human Behaviour*, 6, 43-54.
- Birdwhistell, R. (2010). *Kinesics and Context*. University of Pennsylvania Press, Inc.
- Mehrabian, A. (1971). *Silent Messages* (1st ed.). Belmont, CA: Wadsworth.
- Applebaum, R.L., & dan Anatol, K.W.E. (1974). *Strategies for Persuasive Communication*. Ohio: A Bell & Howell, Co.
- Shaw, M. E. (1964). Communication networks. In L. Berkowitz, ed., Advances in *Experimental Social Psychology*, 1, 111-147, New York:

Academic Press.
- Raichle, M. E., MacLeod, A. M., Snyder, A. Z., Powers, W. J., Gusnard, D. A., & Shulman, G. L. (2001). A default mode of brain function. *Proceedings of the National Academy of Sciences of the United States of America*, 16, 98(2), 676-82.
- Razran, G. H. S. (1938). Conditioning away social bias by the luncheon technique. *Psychological Bulletin*, 35, 693.
- Brown, G., & Yule, G. (1983). *Discourse analysis*. Cambridge, UK Cambridge University Press.

2장

- Zajonc, R. B. (1965). Social facilitation. *Science*, 149, 269-274.
- Bloom, N., Liang, J., Roberts, J., & Ying, Z. J. (2015). Does Working from Home Work? Evidence from a Chinese Experimen'. *The Quarterly Journal of Economics*, 130, 165-218.
- Gibbs, M.J., Mengel, F., & Siemroth, C. (2021). Work from Home & Productivity: Evidence from Personnel & Analytics Data on IT Professionals. *Working Paper*, no. 2021-56, Becker Friedman Institute for Economics, University of Chicago.
- Dutcher, E. G. (2012). The effects of telecommuting on productivity: An experimental examination. The role of dull and creative tasks. *Journal of Economic Behavior and Organization*, 84, 355-363.
- Haar, J. (2018). Overview of the Perpetual Guardian 4-day (paid 5) Work Trial [Industry report]. New Zealand: Auckland University of Technology. Retrieved from https://static1.squarespace.com/static/5a93121d3917ee828d5f282b/t/5b4e4237352f53b0cc

369c8b/1531855416866/Final+Perpetual+Guardian+report_Professor+Jarrod+Haar_July+2018.pdf

- Wallace, H. M., Exline, J. J., & Baumeister, R. F. (2008). Interpersonal consequences of forgiveness: Does forgiveness deter or encourage repeat offenses? *Journal of Experimental Social Psychology*, 44(2), 453-460.
- Toussaint, L. L., Shields, G. S., & Slavich, G. M. (2016). Forgiveness, Stress, and Health: a 5-Week Dynamic Parallel Process Study. *Annals of Behavioral Medicine*, 50(5), 727-735.
- Ysseldyk, R., Matheson, K., & Anisman, H. (2019). Revenge is sour, but is forgiveness sweet? Psychological health and cortisol reactivity among women with experiences of abuse. *Journal of Health Psychology*, 24, 2003-2021.
- Porath, C. L., & Erez, A. (2009). Overlooked but not untouched: How rudeness reduces onlookers' performance on routine and creative tasks. *Organizational Behavior and Human Decision Processes*, 109(1), 29-44.
- Porath, C. L., & Erez, A. (2007). Does rudeness really matter? The effects of rudeness on task performance and helpfulness. *Academy of Management Journal*, 50(5), 1181-1197.
- Hurlock, E. B. (1925). An Evaluation of Certain Incentives used in School Work. *The Journal of Educational Psychology*, 16(3), 145-159.
- Mueller, C. M., & Dweck, C. S. (1998). Praise for intelligence can undermine children's motivation and performance. *Journal of Personality and Social Psychology*, 75(1), 33-52.
- Hatfield, E., Cacioppo, J., & Rapson, R. L. (1994). *Emotional contagion*. New York: Cambridge University Press.
- Sel, A., Calvo-Merino, B., Tuettenberg, S., & Forster, B. (2015). When you

- smile, the world smiles at you: ERP evidence for self-expression effects on face processing. *Social Cognitive and Affective Neuroscience*, 10(10), 1316-1322.
- Strack, F. Martin, L. L., & Stepper, S. (1988). Inhibiting and Facilitating Conditions of the Human Smile: A Nonobtrusive Test of the Facial Feedback Hypothesis. *Journal of Personality and Social Psychology*, 54 (5): 768-777.
- Mehu, M., Grammer, K., & Dunbar, R.I. (2007). Smiles when sharing. *Evolution and Human Behavior*, 28, 415-422.
- Fredrickson, B. L., Cohn, M. A., Coffey, K. A., Pek, J., & Finkel, S. M. (2008). Open hearts build lives: positive emotions, induced through loving-kindness meditation, build consequential personal resources. *Journal of Personality and Social Psychology*, 95(5), 1045-1062.
- Johnson, K. J., Waugh, C. E. & Fredrickson, B. L. (2010). Smile to see the forest: Facially expressed positive emotions broaden cognition, *Cognition and Emotion*, 24(2), 299-321.
- Tatsuse T, Sekine M, & Yamada M. (2019). The contributions made job satisfaction and psychosocial stress to the development and persistence of depressive symptoms a 1-year prospective study. *Journal of Occupational and Environmental Medicine*, 61(3), 190-6.
- Karasek Jr., R. A. (1979). Job Demands, Job Decision Latitude, and Mental Strain: Implications for Job Redesign. *Administrative Science Quarterly*, 24, 285-308.
- Moser, J. S., Dougherty, A., Mattson, W. I., Katz, B., Moran, T. P., Guevarra, D., Shablack, H., Ayduk, O., Jonides, J., Berman, M. G. & Kross, E. (2017). Third-person self-talk facilitates emotion regulation

without engaging cognitive control: Converging evidence from ERP and fMRI. *Scientific Reports*, 7(1), 1-9.
- Wolpe, J., & Lazarus, A. A.(1966). *Assertive training*. In J. Wolpe & S. Lazarus, A. A.(Eds.), Behavior therapy techniques. New York : Oxford : Pergamon press.

3장

- 사카이 노부유키(坂井信之)(2009), 사람은 사람을 복장으로 판단하는가? -TEGII를 활용해 선입견 형성을 측정하다(人は他人を服装によって判断しているか?: TEG-IIを用いて先入観の形成を測定する)-생활과학 논총, 40, 1-13.
- Lefkowitz,M., Blake,R., & Moution, J. (1955). Status factors in pedestrian violation of traffic signals. *Journal of Abnormal and Social Psychology*, 51,704-706.
- Carney, D. R., Colvin, C. R., and Hall, J. A. (2007). A thin slice perspective on the accuracy of first impressions, *Journal of Research in Personality*, 41 (5),1054-1072
- Williams, L. E., & Bargh, J. A. (2008). Experiencing physical warmth promotes interpersonal warmth. *Science*, 322(5901), 606-607.
- Asch, S. E. (1946). Forming impressions of personality. *Journal of Abnormal and Social Psychology*, 41, 258-290.
- Grice, H. P. (1975). Logic and Conversation. In Peter Cole and Jerry L. Morgan, eds., *Syntax and Semantics*, Vol. 3, Speech Acts, 41-58, New York: Academic Press.
- Carl N, Billari FC (2014) Generalized Trust and Intelligence in the United States. *PLoS ONE*, 9(3): e91786.

- Sperber, D., &Wilson. D. (1995). *Relevance: Communication and Cognition*. 2nd Ed. Oxford: Blackwell.
- Wiseman, R. (2003). *The luck factor*. London, UK: Random House.

4장

- Asch, S. E. (1951). Eff ects of group pressure upon the modifi cation and distortion of judgment. In H. Guetzkow(ed.) Groups, *Leadership and Men*. 177-190, Pittsburgh, PA: Carnegie Press.
- Asch, S. E. (1952). Group forces in the modifi cation and distortion of judgments. In S. E. Asch, *Social Psychology*. 450-501, Englewood Cliff s, NJ, US: Prentice-Hall, Inc.
- Aviezer, H., Trope, Y., & Todorov, A. (2012). Body Cues, Not Facial Expressions, Discriminate Between Intense Positive and Negative Emotions. *Science* 30, 338(6111), 1225-1229.
- Schiff er, B., Pawliczek, C., Müller, B. W., Gizewski, E. R., & Walter, H. (2013). Why Don't Men Understand Women? Altered Neural Networks for Reading the Language of Male and Female Eyes. *PLoS ONE*, 8(4): e60278.
- 김명철(金明哲)(2009),《텍스트데이터의 통계과학 입문(テキストデータの統計科学入門)》, 이와나미서점.
- 오자키 이치로(尾崎一郎), 구오 웨이(郭薇), 홋타 슈고, 리 양(李楊)(2019) 〈헤이트 스피치의 규제와 무효화-언어행위론에서의 시사(ヘイト・スピーチの規制と無効化―言語行為論からの示唆)〉,《법의 경험적 사회과학 확립을 위해 - 무라야마 신주 선생 고희 기념(法の経験的社会科学の確立に向けて―村山眞維先生古稀記念)》신잔샤출판 315-336항.

5장

- Zimbardo, P. G. (1971). The power and pathology of imprisonment. Congressional Record. (Serial No. 15, October 25, 1971). *Hearings before Subcommittee No. 3, of the Committee on the Judiciary, House of Representatives, 92nd Congress, First Session on Corrections, Part II, Prisons, Prison Reform and Prisoners' Rights*, California.Washington, DC: U.S. Government Printing Office.

- Brooks, A. W. (2013). Get Excited: Reappraising Pre-Performance Anxiety as Excitement, *Journal of Experimental Psychology*. General , 143 (3), 1144-58.

- Carney, D. R., Cuddy, A. J., & Yap, A. J. (2010). Power posing: Brief nonverbal displays aff ect neuroendocrine levels and risk tolerance. *Psychological Science*, 21, 1363-1368.

- Cuddy, A. J., Wilmuth, C. A., & Carney, D. R. (2012). The Benefi t of Power Posing Before a High-Stakes Social Evaluation. *Harvard Business School Working Paper*, No. 13-027, 1-18.

- Argyle, M., Lefebvre, L., & Cook, M., (1974). The Meaning of Five Patterns of Gaze. *European Journal of Social Psychology*, 4(2), 125-136.

- Wohltjen, S. & Wheatley. T. (2021). Eye contact marks the rise and fall of shared attention in conversation. *Proceedings of the National Academy of Sciences*, 118 (37), e2106645118.

- Tamir, D.I. & Mitchell, J.P. (2012). Disclosing information about the self is intrinsically rewarding. *Proceedings of the National Academy of Sciences*, 109(21), 8038-8043.

6장

- 고지마 나나에, 오타 마코토, 다카모토 유키코, 후카다 히로미(2006). 연애에 있어서 고백의 성공·실패에 대한 결정요인. 히로시마대학교 심리학 연구, 6, 71-85.
- Zeigarnik, B. (1927). Über das Behalten von erledigten und uneredigten Handlungen. *Psychologische Forschung*, 9, 1-85.
- Xie, E., Yin, Q., Li, K., Nastase, S.A., Zhang, R., Wang, N., & Li, X. (2021). Sharing Happy Stories Increases Interpersonal Closeness: Interpersonal Brain Synchronization as a Neural Indicator. *eNeuro*, 8 (6), 0245-21.
- Wolf, W., & Tomasello, M. (2020). Watching a video together creates social closeness between children and adults. *Journal of Experimental Child Psychology*, 189, Article 104712.
- Shiota, M. N., & Levenson, R. W. (2007). Birds of a feather don't always fly farthest: Similarity in Big Five personality predicts more negative marital satisfaction trajectories in long-term marriages. *Psychology and Aging*, 22, 666-675.
- Gao, Z., Gao, S., Xu, L., Zheng, X., Ma, X., Luo, L., & Kendrick, K. M. (2017). Women prefer men who use metaphorical language when paying compliments in a romantic context. *Scientific Reports*, 7(1), 40871.
- 다카키 오사무(高木 修), 모리카와 아이(森川 愛)(2010), 2장 부부관계의 유지·안정화를 규정하는 요인 연구-공감적 역할수행과 그 부부 간 형평성에 착안(第2章 夫婦関係の維持·安定化を規定する要因の研究—共感的役割遂行とその夫婦間衡平性に着目して—)-현대사회에서 인간관계와 리스크(現代社会における人間関係とリスク), 37-57.
- Tannen, D. (1990). *You Just Don't Understand*. New York: Ballantine Books.

- Winch, R. F.(1952). *The Modern Family*. New York, Henry Holt & Company, Inc.

7장

- Aronson, E., & Linder, D. (1965). Gain and Loss of Esteem as Determinants of Interpersonal Attractiveness. *Journal of Experimental Social Psychology*, 1, 156-171.
- Palanica, A., & Fossat, Y. (2022). Effects of nature virtual backgrounds on creativity during videoconferencing. *Thinking Skills and Creativity*, 43, 100976.
- Conti, M., Milani, S., Nowroozi, E., & Orazi, G. (2021). Do Not Deceive Your Employer with a Virtual Background: A Video Conferencing Manipulation-Detection System. *ArXiv*, abs/2106.15130.
- 요시무라 이사오(吉村 勲), 도모다 야스유키(友田泰行) 생리 심리 기능의 통합적 시계열해석에 의한 피로 판정에 관한 연구(生理心理機能の統合的時系列解析による疲労判定に関する研究), 인간공학, 29(3), 167-176.
- Umejima, K., Ibaraki, T., Yamazaki, T. & Sakai, K. L. (2021). Paper notebooks vs. mobile devices: Brain activation differences during memory retrieval. Frontiers in Behavioral Neuroscience, 15, 634158, 1-11.
- Nisbett, R. E., & Masuda, T. (2003). Culture and point of view. *Proceedings of the National Academy of Sciences of the United States of America*, 100, 11163-11175.
- Latané´, B., & Darley, J. M. (1968). Group inhibition of bystander intervention in emergencies. *Journal of Personality and Social Psychology*, 10, 215-221.
- Latané´, B., & Darley, J. M. (1970). The unresponsive bystander: *Why*

doesn't he help? New York, NY: Appleton-Century-Croft.
- Hunt, M. G., Marx, R., Lipson, C., & Young, J. (2018). No more FOMO: Limiting social media decreasesloneliness and depression. *Journal of Social and Clinical Psychology*, 37, 751-768.
- Riehm, K .E., Feder, K. A., and Tormohlen, K. N. (2019). Associations between time spent using social media and internalizing and externalizing problems among US youth. *JAMA Psychiatry*, 76, 1266-73.
- Sumioka, H., Nakae, A., Kanai, R. & Ishiguro, H. (2013). Huggable communication medium decreases cortisol levels. *Scientific Reports*, 3, 3034.

옮긴이 **정현옥**

일본어 번역가. 대학교에서 일문학을 전공 후 일본으로 건너가 7년간 쏟은 학업과 일에 대한 열정을 출판에도 쏟고자 번역가의 길로 들어섰다. 현재 출판번역 에이전시 글로하나 소속 번역가로 다양한 분야의 도서를 번역 및 검토하고 있다. 옮긴 책으로는 《초예측》《항암 해방》《NFT로 부의 패러다임을 바꾼 사람들》《운의 방정식》《언택트 공부 혁명》《상위 1%로 가는 일곱 계단》《혼자 공부하는 시간의 힘》《아무것도 하기 싫은 사람을 위한 뇌 과학》《이과식 독서법》등 다수가 있다.

마음을 움직이는 말투의 심리학

1판 1쇄 인쇄 2025년 6월 9일
1판 1쇄 발행 2025년 6월 25일

지은이 홋타 슈고
발행인 김태웅
책임편집 이슬기　　　　　　**기획편집** 이미순, 박지혜
표지 디자인 STUDIO 보글　　**본문 디자인** 호우인
마케팅 총괄 김철영　　　　　**마케팅** 서재욱, 오승수
온라인 마케팅 하유진　　　　**인터넷 관리** 김상규
제작 현대순　　　　　　　　**총무** 윤선미, 안서현
관리 김훈희, 이국희, 김승훈, 최국호

발행처 ㈜동양북스
등록 제2014-000055호
주소 서울시 마포구 동교로22길 14(04030)
구입 문의 (02)337-1737　팩스 (02)334-6624
내용 문의 (02)337-1763　이메일 dymg98@naver.com

ISBN 979-11-7210-925-7 03190

ⓒ 2022, 홋타 슈고 All rights reserved.

- 이 책은 저작권법에 의해 보호받는 저작물이므로 무단 전재와 무단 복제를 금합니다.
- 잘못된 책은 구입처에서 교환해드립니다.